Raritäten mit Biss

Raritäten mit Biss

Alte Gemüsesorten und
Wildkräuter neu entdeckt

von
Jens Mecklenburg

Landleben im Cadmos Verlag
Copyright © 2011 by Cadmos Verlag, Schwarzenbek
Gestaltung und Satz: jb:design – Johanna Böhm, Dassendorf
Lektorat: Anke Knefel

Coverfotos : Ingo Wandmacher
Fotos im Innenteil: Ingo Wandmacher (wenn nicht anders angegeben)

Druck: Westermann Druck, Zwickau

Deutsche Nationalbibliothek – CIP-Einheitsaufnahme
Die Deutsche Nationalbibliothek verzeichnet diese Publikation in der Deutschen
Nationalbibliografie; detaillierte bibliografische Daten sind im Internet über
http://dnb.ddb.de abrufbar.

Printed in Germany

ISBN: 978-3-8404-3005-3

Inhalt

Pilze

Anhang

Vorwort Vorwort

Gegen das Vergessen

Kennen Sie die Ackerpille, Weiße Bete, Topinambur, den Guten Heinrich oder Vogelmiere? Nein? Schade. Ihnen entgeht etwas.

Vor einigen Jahrzehnten kannte sie noch fast jeder. Die Palette der angebotenen heimischen Gemüse- und Kartoffelsorten und das Wissen um essbare Wildkräuter waren damals wesentlich breiter als heute. Viele dieser »Raritäten mit Biss« sind heute fast völlig vom Markt verschwunden.

Mittlerweile werden einige von ihnen wieder neu entdeckt und bekannt gemacht. Die Nachfrage nach alten Landsorten und regionalen Spezialitäten steigt. Besonders Biobauern setzen sich verstärkt für mehr Sortenvielfalt, für den Erhalt alter Kultur- und Nutzpflanzen ein. Gut so, denn es wäre schade, wenn unsere alten Gemüsesorten und die Kräuter der Natur, die sich über Jahrhunderte bewährt haben und geschätzt wurden, zu vergessenen Genüssen würden. Die Geschmacksvielfalt würde arg leiden, wenn wir nur noch global gehandeltes Einheitsgemüse kaufen könnten.

Wir Verbraucher sollten uns nicht länger mit Einheitsprodukten mit Einheitsgeschmack aus dem Handel abspeisen lassen. Warum können wir im Supermarkt meist nur aus drei, vier Kartoffelsorten wählen, wo es doch Hunderte gibt? Und die besonders köstlichen sind garantiert nie dabei.

Geben wir doch der Pastinake, dem Blauen Schweden, Hirschhornwegerich, Römischem Ampfer und dem Friséepilz eine Chance.

Wir profitieren alle davon: die Natur, engagierte (Bio-)Landwirte, nachfolgende Generationen und, nicht zuletzt, unsere Geschmacksnerven. Schmecken die »Raritäten mit Biss« doch unvergleichlich besser als ihre Verwandten aus der EU-genormten Landwirtschaft. Esst, was Ihr retten wollt!

»Gegen das Vergessen« lautet das Motto des Buches. Doch was für alte Sorten gibt es? Wie ist ihre Geschichte? Was mache ich mit ihnen in der Küche?

Das Buch gibt Antworten auf all diese Fragen und stellt Ihnen die wichtigsten Gemüsesorten, Kartoffeln, Kürbisse, Salate und Wildkräuter sowie Speisepilze vor. Die Beiträge zu den einzelnen Sorten erschienen zwischen 2006 und 2009 als wöchentliche Kolumne unter dem Titel »Vergessene Genüsse –

Raritäten mit Biss« in den Kieler Nachrichten. Für das Buch habe ich die interessantesten Kolumnen ausgewählt und – wo es mir notwendig erschien – überarbeitet und sie um jeweils ein persönliches Rezept ergänzt.

Die meisten Rezepte sind einfach nachzukochen. Sie entsprechen meiner Philosophie, mit guten und besten Ausgangsprodukten entspannt, unkompliziert und lecker zu kochen. Der Kohl, die Rübe und das Wiesenkraut sollen im Mittelpunkt stehen und glänzen,

nicht der Koch. Das Glänzen überlasse ich gern den Sterneköchen. Die Rezepte sind jeweils für vier Personen berechnet, wobei die Mengenangaben als Anhaltspunkte zu verstehen sind. Denn natürlich spielt es auch eine Rolle, ob ich ein Gemüse als Vor- oder Hauptspeise, als Hauptakteur auf dem Teller oder als Beilage zu einem Stück Fleisch serviere.

Guten Appetit wünscht
Jens Mecklenburg

Mut zur Vielfalt

Für mehr Sortenreichtum auf unseren Tellern

Das tägliche Lebensmittelangebot im Supermarkt ist üppig. Viele Tausend Produkte stehen zum Kauf bereit. Dazu sind sie so billig wie noch nie. Zumindest geben wir immer weniger für Lebensmittel aus, um die zehn Prozent unseres Einkommens. 1960 hat der Durchschnittsdeutsche noch 160 Minuten für ein Kilogramm Schweinekotelett gearbeitet, heute sind es 30 Minuten. Also, alles gut? Leider nein. Angesichts der zunehmenden Industrialisierung und Globalisierung der Landwirtschaft sowie der extremen Konzentration im Lebensmittelhandel spüren viele Verbraucher, wie sie immer öfter von einer inneren Beunruhigung und Unzufriedenheit befallen werden. Geiz ist für viele eben nicht »geil«. Der Preis, den wir dafür zu zahlen haben, ist standardisierte Einheitsware mit

wenig Geschmack. Nur auf den ersten Blick erscheint das Lebensmittelangebot üppig, bei genauerem Hinsehen erweist es sich meist als kümmerlich. Es werden zwar 20 verschiedene Tütensuppen und 30 verschiedene Pizzas angeboten, dafür aber nur drei Kartoffelsorten und ein Weißkohl. Dabei gibt es Hunderte Kartoffel- und Kohlsorten. Die schmackhaftesten unter ihnen sind garantiert nie im Angebot. Zu wenig ertragreich, zu kompliziert für moderne landwirtschaftliche Maschinen, auch entsprechen sie häufig nicht den Vorstellungen der EU-Bürokratie. Sortenvielfalt: Fehlanzeige!

Jetzt kommen die Alten

Doch viele Verbraucher sind nicht mehr bereit, sich damit zufriedenzugeben. Sie suchen nach neuen Geschmackserlebnissen, entwickeln neue Qualitätsansprüche, interessieren sich für

Omas und Opas alten Gemüsegarten. Das Regionale, das Authentische, das Besondere ist wieder gefragt. Es spricht sich langsam herum: Besonderes bieten nicht nur Exoten, sondern vor allem alte Gemüseraritäten.

So kommen die »Alten« wieder und erobern mit Elan die Wochenmärkte.

Noch vor einigen Jahren landeten sie auf dem Komposthaufen unserer Wohlstandsgesellschaft, heute verblüffen sie mit ihrer Frische und Individualität: der extravagante rote Mangold, die bodenständige Pastinake, die elegante Mandelkartoffel, der koboldhafte Gute Heinrich.

Besonders Biobauern geben den Verweigerern der industriellen Landwirtschaft eine neue Heimat in artgerechter Umgebung. Kleine unabhängige Saatgutbetriebe haben gegraben, gesammelt, getüftelt und den Anbau unterstützt. So können wir immer mehr »Oldies but Goldies« auf unseren Märkten begrüßen.

Diese Entwicklung bietet uns viele Vorteile

Alte Gemüsesorten bestechen durch ein unvergleichliches, ursprüngliches Geschmackspotenzial.

Sie sind über Jahrhunderte in unseren Gärten herangewachsen. Dabei haben sie sich den lokalen Verhältnissen gut angepasst: Die »alten Hasen« sind robust, kraftvoll und gesund. Man muss ihnen nicht mit der chemischen Keule kommen. Die brauchen und mögen sie nicht.

Es sind Pflanzen, denen ein ganz besonderes Ambrosia innewohnt, das oft über den Wert als Lebensmittel hinausgeht. Alte Gemüsesorten gehören nicht nur in ein Gemüsebeet, ihrer Schönheit wegen gebührt diesen Pflanzen oft auch ein Platz im Blumenbeet.

Ihre Kultur stellt eine Form des Widerstands gegen die Vereinheitlichung der Nutzpflanzen und des Geschmacks dar. Alte Kulturpflanzen tragen deutlich zum Erhalt der Vielfalt bei, die seit Einführung der industrialisierten Landwirtschaft kontinuierlich ausgedünnt wird.

Sämtliche alte Kulturpflanzen sind samenfeste Pflanzen. Das heißt, dass aus ihren Samen neue Pflanzen gewonnen werden können und somit für die Landwirtschaft keine Abhängigkeit von Saatgutproduzenten (heutzutage meist multinationale Konzerne) mehr gegeben ist. Der Bauer bleibt unabhängig.

Darüber hinaus ist der Verzehr alter Kulturpflanzen dank ihrer vielen sekundären Pflanzenstoffe auch noch sehr gesund – und das Beste sollte doch für jeden von uns gerade gut genug sein.

Von zahlreichen »historischen« Gemüsesorten sind alle Pflanzenteile verwendbar.

Die Vielzahl der Verwendungen in der Küche kennt kaum Grenzen: roh, gedämpft, pochiert, gedünstet, geschmort, gebraten, gegrillt, frittiert …

Wir Verbraucher haben es in der Hand, die Nachfrage nach Raritäten mit Biss weiter zu steigern. Dank Ackerpille, Bamberger Hörnchen, Bronzefenchel, Pastinake, Pompon blanc und Teltower Rübchen werden wir mit unvergleichlichen (gesunden) Geschmacks- und Kocherlebnissen belohnt. Alte Gemüsesorten und Wildkräuter neu zu entdecken lohnt sich also. Ihnen wird das Wasser im Mund zusammenlaufen. Versprochen!

Pflanzenporträts und Rezepte

Gemüse

Ackerpille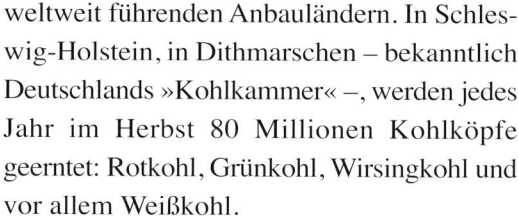

Abgeflacht, aber mit Tiefgang

Nach der griechischen Mythologie soll der Kohl aus dem Schweiß des Zeus entstanden sein. Auch die Römer der Antike kannten und schätzten Kohl. Dennoch gilt gerade der Weißkohl als »urdeutsches« Gemüse. Und tatsächlich gehört Deutschland zu den weltweit führenden Anbauländern. In Schleswig-Holstein, in Dithmarschen – bekanntlich Deutschlands »Kohlkammer« –, werden jedes Jahr im Herbst 80 Millionen Kohlköpfe geerntet: Rotkohl, Grünkohl, Wirsingkohl und vor allem Weißkohl.

Der runde, abgeflachte oder zugespitzte Kopf des Weißkohls ist botanisch gesehen der gestauchte Spross der Pflanze. Er besteht aus glatten und glänzenden, mit einer Wachsschicht überzogenen Blättern und ist von weißlich grüner Farbe.

Seit einigen Jahren wächst auf nordfriesischer Scholle im Schatten von EU-genormten Kohlköpfen (Brassica oleracea) eine Weißkohlrarität heran: die Ackerpille. Diese abgeflachte Weißkohlsorte war schon im 16. Jahrhundert

bekannt und erlebte im 18. Jahrhundert eine wahre Blütezeit. Lange in Vergessenheit geraten, erfreut sie sich heute wieder neuer Beliebtheit. Zu Recht: Die Ackerpille überzeugt durch einen feinen, subtilen, mild würzigen Kohlgeschmack. Bei der Zubereitung treten keine unangenehmen Gerüche auf und selbst roh genossen ist diese altehrwürdige Kohlsorte leicht verdaulich. In die weiche Ackerpille kann man hineinbeißen wie in einen Apfel.

Außerdem ist der Weißkohl besonders gesund. Neben reichlich Vitamin C, Vitamin K, Folsäure und den Spurenelementen Kalium, Kalzium und Flourid haben Wissenschaftler mehr als 49 weitere wertvolle Substanzen im Weißkohl nachgewiesen. Unter ihnen Antioxidanzien, die die freien Radikalen in unseren Zellen unschädlich machen sollen und denen zum Beispiel eine Krebs und Alzheimer hemmende Wirkung nachgesagt wird.

Kein Wunder also, dass Weißkohl zum beliebtesten Gemüse in Deutschland gehört – günstig im Einkauf, gesund und in der Küche vielseitig einsetzbar.

Ob als Salat, Suppe, Eintopf oder als Blattgemüse – Weißkohl macht immer eine gute Figur, besonders wenn man mit der Ackerpille kocht. Vollends zum Gourmetkohl avanciert die Ackerpille, wenn man sie als Mantel, zum Beispiel für Fasan oder Steinbutt, benutzt. Von Kohlblättern umhüllt und geschützt garen Wild, Fleisch und Fisch besonders saftig. Dafür werden die Kohlblätter in Salzwasser kurz blanchiert, kalt abgeschreckt, trocken getupft und mit einer Farce bestrichen. Danach umwickelt man das Fleisch oder den Fisch mit den Kohlblättern und schiebt das Ganze in den Ofen.

Als anspruchsvoller Gourmetkohl schmeckt die Ackerpille nur frisch vom Feld. Lange gelagert werden mag sie im Gegensatz zu ihren neumodischen Verwandten gar nicht. Zum Glück dauert die Erntezeit von September bis Dezember. Dann ist der flache Weißkohlkopf vor allem im Biohandel erhältlich.

Winterlicher Ackerpillen-Eintopf

Zutaten
1 Kohl (ca. 1 kg)
500 g Kartoffeln
1 Gemüsezwiebel
1,5 l Gemüsebrühe
Kümmel, Pfeffer, Salz, Olivenöl

Zubereitung
Den Strunk entfernen, den Kohl in mundgerechte Stücke schneiden und waschen. Die Kartoffeln schälen, waschen und in Würfel schneiden. Zwiebel pellen und klein schneiden.

Kohl, Kartoffeln und Zwiebel in einem großen Topf mit Olivenöl andünsten und mit der Gemüsebrühe ablöschen. Das Gemüse sollte knapp bedeckt sein. Mit Kümmel, Salz und Pfeffer abschmecken.

Einmal aufkochen lassen und dann circa 20 Minuten bei kleiner Hitze köcheln lassen.

Tipp
Wenn keine Ackerpille zur Hand ist, nimmt man einen normalen Weißkohl.

Wer die Fleischeinlage vermisst, lässt klein geschnittene Kochwürste 15 Minuten mitkochen.

Weiße, Gelbe und Rote Bete

Bunte Rüben mit Potenzial

Die Rote Rübe hat einst, auch unter ihrem Decknamen Rote Bete, ganze Generationen gequält. Diejenigen, die noch die mageren Winter der Kriegs- und Nachkriegszeit, auch Rübenwinter genannt, miterlebt haben, erzählen noch heute mit bitterem Geschmack im Mund: Rote Rüben gab's tagein, tagaus. Als Suppe, als Salat, als Gemüse, in Scheiben und in Würfeln. Kein Wunder also, dass vielen der Appetit auf diese Abart der Gemeinen Runkelrübe vergangen ist.

Bei den Nordlichtern war es sogar noch schlimmer, denn sie kannten nur die Rote Bete der »sauren Art«: sauer eingelegt im Heringssalat, zum Labskaus oder als Beilage zu Bratkartoffeln.

Dabei kennt der Europäer die Wurzelknolle der Beta vulgaris, die der Farbstoff Anthozyan so rot färbt, schon lange, in ihrer Wildform schon seit 4000 Jahren. Der griechische Philosoph und Naturforscher Theophrastos

(371 bis etwa 287 v. Chr.) und der römische Gelehrte Plinius der Ältere (23 bis 79 n. Chr.) berichteten, dass die Rote Bete – sie kam ursprünglich aus Sizilien – bei den Griechen und Römern sehr beliebt war. Mit den Römern kam das Gemüse erstmals auch nach Mitteleuropa. Karl der Große ordnete ihren Anbau an. Besonders in Klostergärten wurde die Rübe kultiviert – und das keineswegs nur, weil sie eine anregende, appetitsteigernde Wirkung hat und ihr Saft so schön färbt. Nein, die slawische Küche beweist mit ihrem Borschtsch, dass sie auch gut schmeckt. Süd- und osteuropäischen Einflüssen und Gourmetköchen ist es zu verdanken, dass die Rote Rübe heutzutage wieder zu kulinarischen Ehren kommt. Richtig zubereitet ist sie nämlich eine überaus vielseitige, fruchtig-frische Köstlichkeit mit viel Genusspotenzial: vom Risotto bis zum Eis. Das gilt ebenso für ihre gelben und weißen Verwandten. Der lang gehütete Küchenschatz früherer Zeiten wird langsam gehoben und wieder angeboten. Die weißen und gelben Kugeln schmecken angenehm fruchtig und sind süßer als die roten.

Außerdem sind alle drei Arten gesund: Sie stärken die Nerven, helfen bei der Blutbildung und -verbesserung und sorgen für eine gute Verdauung. Durch ihre antioxidativ wirksamen Farbstoffe, die sogenannten Betalaine, beugen sie Gefäßablagerungen vor, mildern Entzündungen und schützen die Zellen. Nach neuesten Erkenntnissen sollen sie sogar den Alkoholspiegel im Blut senken. Man sollte sich aber nicht darauf verlassen. Unverfänglicher ist da der Volksmund, nach dem der Genuss der Rübe dem Schwachen Kraft und dem Schüchternen Sicherheit verleiht.

Überraschen Sie Ihre Gäste doch einmal mit einem Rote-Bete-Carpaccio. Die Zubereitung ist ganz einfach:

Rote-Bete-Carpaccio

Zutaten
4 mittelgroße Weiße, Gelbe oder
Rote Beten (oder gemischt)
Apfelessig
Traubenkernöl
Salz, Pfeffer, Kümmel
Pinienkerne
Blauschimmelkäse

Zubereitung
Bunte Bete mit etwas Kümmel in etwa 10 bis 15 Minuten al dente kochen und schälen. Sie dürfen ruhig Einweghandschuhe dabei verwenden. Dünne Scheiben aufschneiden und fächerförmig auf einem Teller anrichten.

Eine Vinaigrette aus 2 EL gutem Apfelessig, 4 EL Traubenkernöl, Salz und Pfeffer anrühren und die Bete damit beträufeln.

Darüber streuen Sie (in einer beschichteten Pfanne ohne Fett) geröstete Pinienkerne und zerbröselten Blauschimmelkäse – ein Gedicht!

Tipp
Wer Blauschimmelkäse nicht mag, nimmt geriebenen Parmesan. Statt Apfelessig kann man auch weißen Balsamico, statt Traubenkernöl auch ein fruchtiges Olivenöl verwenden.

Holsteiner Blutrhabarber

Sauer-saftiger Muntermacher

Manch einer verzieht schon beim Gedanken an die herb-sauren Stangen die Mundwinkel, andere lieben den typischen Geschmack des Rhabarbers.

Viele sehen Rhabarber als Obst an, botanisch ist er jedoch ein Gemüse und gehört zur Familie der Knöterichgewächse.

Schon vor 3000 Jahren wussten die Chinesen die Kraft des Rhabarbers zu nutzen. Aus den Wurzeln des Steppengewächses stellten sie eine Medizin her, die eine verdauungsfördernde Wirkung hatte. Die Stängel blieben lange ungenutzt. Erst im 16. Jahrhundert kam der Rhabarber nach Europa. Sein Name, Rheum rhabarbarum, heißt frei übersetzt »Wurzel der Barbaren«. Erst in der Mitte des 18. Jahrhunderts erkannte man, dass sich Rhabarber auch gut in der Küche nutzen lässt. Es waren die Engländer, Franzosen und Niederländer, die das Knöterichgewächs zuerst anbauten. Seit Mitte des 19. Jahrhunderts wächst er auch in Deutschland. Um Hamburg herum entwickelte sich das damals größte Anbaugebiet des Landes. Aus jener Zeit stammt auch der bis heute beliebte Holsteiner Blutrhabarber. Er schmeckt mild säuerlich, ist besonders saftig und wächst problemlos in jedem Garten.

Haupterntezeit ist von April bis Juni. Danach ist der Oxalsäuregehalt des Rhabarbers zu hoch und die Pflanze bildet Reservestoffe für das kommende Jahr. Geschmacklich lässt er dann stark nach.

Rhabarber ist reich an Vitamin C, Kalium und Kalzium. Kalium wirkt harntreibend, Ballaststoffe und Fruchtsäuren fördern die Verdauung. Für den sauren Geschmack verantwortlich sind Gerbsäure, Apfel- und Zitronensäure sowie Oxalsäure.

Als Kuchenbelag, in Marmelade, als Kompott oder Grütze eignet sich Holsteiner Blutrhabarber hervorragend, aber auch für pikante Speisen, zum Beispiel als Gemüsebeilage mit scharfer Peperoni zum gebratenen Fisch.

Im 19. Jahrhundert avancierte sein Verwandter, der Vierländer Blutrhabarber, gar zum Exportschlager – als sogenannter »Kellerrhabarber«.

Im Herbst grub man die Rhabarberknollen aus und brachte sie in Kisten in den Keller. Die Kellerräume wurden im Januar beheizt, sodass der Rhabarber austrieb. So konnte man schon im Februar lange, aber noch etwas blasse Rhabarberstangen ernten. Zu Zeiten, als es noch nicht das ganze Jahr über Kiwis gab, war das eine geschätzte Winterspezialität, die über die Ostsee bis in die Zarenmetropole Sankt Petersburg geliefert wurde.

Kellerrhabarber wird heute nicht mehr angebaut; der herb-frische Geschmack des Blutrhabarbers gehört aber bis heute für viele unverzichtbar zum Frühsommer – wie Spargel.

Forelle auf Rhabarbergemüse

Zutaten
4 mittelgroße Forellen
etwas Butterschmalz
etwas Butter
300 g Rhabarber
½ rote Peperoni
1 rote Paprikaschote
Lorbeerblatt
je eine Prise Zucker, Nelken- und Currypulver
etwas Gemüsebrühe

Zubereitung
Den Backofen auf 180 °C vorheizen. Etwas Butterschmalz auf ein mit Backpapier belegtes Blech geben, im Ofen schmelzen. Dann die Forellen darauflegen und für 20 Minuten in den Ofen schieben.

Den Rhabarber putzen, eventuell schälen und würfeln. Die Peperoni und die Paprikaschote entkernen und in gleich große Würfel schneiden.

Alles zusammen in Butter andünsten. Lorbeerblatt und Gewürze zufügen, etwas Gemüsebrühe angießen und bei schwacher Hitze 5 Minuten köcheln lassen und warm stellen.

Das Rhabarbergemüse auf Tellern anrichten und jeweils eine Forelle darauflegen.

Tipp
Für dieses Gericht eignen sich auch Forellenfilets oder auch Makrelen. Essbare Blüten in kräftigen Farben und mit leicht bitterem Geschmack – wie zum Beispiel vom Borretsch – harmonieren optisch und geschmacklich wunderbar mit diesem Gericht. Einfach einige Blüten mit auf dem Teller anrichten.

Dicke Bohnen

Dicke Bohnen

Viehfutter für Feinschmecker

Die Dicke Bohne (Vicia faba) – man kennt sie auch unter den Bezeichnungen Ackerbohne, Puffbohne, Saubohne und Pferdebohne – ist im Gegensatz zur grünen Bohne eine uralte Kulturpflanze: Bereits vor 5000 Jahren wurde sie in China verzehrt. Auch in Nordafrika und im Mittelmeerraum wurde die Pflanze schon früh kultiviert. Die Römer benutzten die Bohnenkerne zudem, um böse Hausgeister zu vertreiben. Bis die Spanier im 16. Jahrhundert die grünen Bohnen aus Südamerika mitbrachten, war die Dicke Bohne die einzige in Europa bekannte Bohne.

Auch an der schleswig-holsteinischen Küste wurden Dicke Bohnen schon vor 2000 Jahren angebaut. Lange Zeit war es das einzige Gemüse, das direkt am Meer angebaut werden konnte. Das Salzwasser, das die Äcker regelmäßig überflutete, konnte der robusten Bohne nichts anhaben. So war die Dicke Bohne lange ein Grundnahrungsmittel im Norden. Ab dem 17. Jahrhundert wurden Dicke Bohnen dann zunehmend ans Vieh verfüttert. Das Image der Bohne verschlechterte sich, die aus Südamerika importierte grüne Bohne lief der alteingesessenen Dicken den Rang ab.

Botanisch zählt die Dicke Bohne wie die Erbse zur Familie der Schmetterlingsblütler oder Hülsenfrüchtler. In den 15 bis 30 Zentimeter langen dicken Hülsen oder Schoten, die innen mit einem weißlichen Flaum ausgekleidet sind, befinden sich die flachen, abgerundeten Samen, die Dicken Bohnen. Sie können verschiedene Farben haben: weiß, grün, bräunlich bis rötlich. Getrocknet sind sie bräunlich und flach.

Dicke Bohnen sind nicht nur eine kernige Delikatesse, sondern auch gesund, da reich an Mineralstoffen, Vitaminen (B, C, E) und Eiweiß.

Wer es besonders fein mag, pellt die ledrige Haut von den zartgrünen Kernen mit ihrem nussartigen Aroma. So werden aus Viehfutter Gourmetbohnen.

Ragout von Krebsen und Dicken Bohnen

Zutaten
2 kg (lebende) Krebse
etwas Suppengemüse, Zwiebel,
Lorbeerblätter, Senfkörner, Salz
2 kg Dicke Bohnen
3 Möhren
1 kleine Sellerieknolle
2 Zwiebeln
2 Knoblauchzehen
2 EL Tomatenmark
1 kleine Dose abgezogene Tomaten
2 cl Cognac
1 Glas Weißwein
einige Lorbeerblätter und Wacholderbeeren
je 200 g Sahne und Crème fraîche
etwas Speisestärke
Olivenöl, Zitronensaft, Tabasco, Salz

Zubereitung
Einen großen Topf mit Wasser, Suppengemüse, Zwiebeln, Lorbeerblättern, Senfkörnern und Salz aufsetzen und 10 Minuten kochen lassen. Der Geschmack der Gewürze überträgt sich ins Wasser.

Die Krebse mit kaltem Wasser abspülen und sofort ins kochende Wasser geben. Sie müssen komplett und schnell einmal untertauchen. Einmal kräftig aufkochen, den Topf von

der Flamme nehmen und noch 5 Minuten ziehen lassen. Dann die Krebse in kaltem Wasser abschrecken, das Krebsfleisch herauspulen und beiseitestellen.

Die Bohnen »doppelt« pulen – zuerst die äußere Schale, dann noch die ledrige Haut von den zartgrünen Kernen pellen.

Die ausgepulten Krebsschalen in Olivenöl kurz anbraten, das in Würfel geschnittene Gemüse zugeben, dann das Tomatenmark. Mit Cognac und Weißwein ablöschen. Dosentomaten und Gewürze zugeben und 20 Minuten kräftig kochen lassen.

Dann durch ein Sieb in einen Topf umgießen und die Brühe auf circa ¾ Liter einkochen. Sahne und Crème fraîche zugeben und nochmals etwas einkochen. Dann mit etwas Speisestärke binden und mit Salz, Pfeffer, Zitronensaft und einem Spritzer Tabasco abschmecken.

Die Bohnenkerne kurz vor dem Servieren in die Soße geben. Zum Schluss das Krebsfleisch hineingeben, aber nicht mehr kochen lassen.

Tipp
Mit den ausgelösten Krebskarkassen kann man hübsch die Teller dekorieren. Als Beilage ziehe ich ein Baguette vor, aber natürlich passen auch Kartoffeln, Reis oder Spaghetti. Wer es einfacher mag, beziehe für dieses Rezept fertiges Krebsfleisch aus dem Handel.

Filderkraut *Filderkraut*

Spitz und edel

Beim Filderkraut (Brassica oleracea), einer Varietät des Weißkohls, handelt es sich um einen feinrippigen Kohl aus der Familie der Kreuzblütler, dessen Kopf spitz zuläuft, daher auch Spitzkohl oder Spitzkraut. Wie der Name schon sagt, wächst er auf den Fildern, einer fruchtbaren Hochebene südlich von Stuttgart. Eine Spezialität mit jahrhundertealter Tradition, deren erste urkundliche Erwähnung aus dem Jahr 1501 stammt. Er stellt eine botanische Besonderheit dar, bei der bis heute nicht endgültig erklärt ist, ob sie durch Mutation oder Züchtung entstanden ist. Einige Zungen behaupten, dass die Züchtung des Filderkrauts

im Klosterhof zu Nellingen begann. Andere favorisieren das Denkendorfer Kloster. Erstmals schriftlich erwähnt wurde das Spitzkraut erst 1772 durch den Bernhäuser Pfarrer Bischoff, der über den Krautanbau schrieb: »Der weiße Kohl ist das einzige Kraut, welches hier gepflanzt wird. Was das Filderkraut besonders geschätzt macht, ist seine feine Zartheit in den Blättern, seine weiße Farbe und überhaupt ein besserer Wohlgeschmack, worin

es sich von dem in anderen Gegenden Gepflanzten auszeichnet.« Dies mag auch der Grund dafür sein, dass das Sauerkraut vom Filderkraut als feinste Delikatesse gilt. Sicher ist auch: Neben Vieh, Getreide, Obst und Flachs war das Filderkraut der wichtigste Handelsartikel der Bevölkerung. Noch bis in die 30er-Jahre des 20. Jahrhunderts vertrieben die Bauern ihr Kraut auf den Märkten der Dörfer und Städte. Nachdem die Filderbahn 1888 ihren Betrieb aufgenommen hatte, entwickelte es sich zum Exportschlager und kam auf die Gourmetteller im Elsass und bis nach Paris. Heute ist die Bedeutung des Spitzkrauts rückläufig, da das Edelprodukt nach wie vor von Hand geerntet wird und der Rundkohl sich besser verarbeiten lässt – leider eine Folge der Industrialisierung. Dabei schmeckt es nicht nur zart, mild und köstlich – seinen typischen Geschmack erhält es übrigens aus seiner Zusammensetzung von Senfölen und Zuckern –, sondern ist auch noch gesund: reich an Mineralstoffen und vor allem Vitamin C. Die Römer benutzten ihn bereits zur Entgiftung (gutes Katermittel!) und reinigten mit seinen Blättern infizierte Wunden. Als James Cook im Jahr 1772 zu seiner zweiten Forschungsreise aufbrach, packte er 60 Sauerkrautfässer mit an Bord, denn Skorbut war damals auf langen Seereisen gefürchtet. Auf jeden Fall gilt: Die Verwendung des Kohls ist vielseitig. Geerntet wird er im Oktober und landet dann als Eintopf, als Kohlroulade, überbacken oder als Krautsuppe auf dem Tisch. Edel paart sich gern mit edel: Probieren Sie doch mal das Filderkraut in einer Champagnersoße.

Filderkraut in Champagnersoße

Zutaten

1 kg Filderkraut

50 g Räucherspeck, durchwachsen

1 EL Olivenöl

Salz

Pfeffer

Muskat

150 ml Crème fraîche

200 ml Champagner

(oder Rieslingsekt, trocken)

Zubereitung

Vom Kohl die äußeren Blätter entfernen, den Kopf vierteln und den Strunk herauslösen. Jedes Viertel in breite Streifen schneiden.

Den Räucherspeck in Würfel schneiden und in Öl glasig andünsten. Das Gemüse zufügen und andünsten.

Mit Salz, Pfeffer und Muskat würzen, Champagner auffüllen und Crème fraîche unterrühren. Zugedeckt circa 20 Minuten garen.

Tipp

Dazu passen edle Teile vom Wild, zum Beispiel ein Damwildbraten mit Serviettenknödeln, aber auch eine rosa gebratene Entenbrust.

Gelbe Radieschen

Außen schön, innen scharf

Kugelig rund sind sie, oval oder auch rüben-
artig gestreckt, auf jeden Fall hübsch anzusehen. Ob sie jedoch »dekorativ« als Rosette ge-
schnitzt auf den Menüteller gehören, nun, da
scheiden sich die Geister. Die Rede ist vom
Radieschen, auch gern Radieseln oder Monats-
rettich genannt. Im Gegensatz zum verwandten
altehrwürdigen Rettich, der schon beim Bau
der Cheopspyramide den Fronarbeitern zur
Stärkung diente, erfreute sich das kleine Knöll-
chen erst in den europäischen Gemüsegärten
der Renaissance aus dem 16. Jahrhundert
größerer Beliebtheit. Seinen Weg zu uns

Mittel- und Nordeuropäern fand es wahrscheinlich über Ostasien. Dort steht es übrigens
heute noch symbolisch für Wohlstand (Japan).
Im Nahen Osten symbolisiert es den Frühling
und die immerwährende Erneuerung des Le-
bens. Die Entstehungsgeschichte des Kreuz-
blütlers ist nicht ganz geklärt, man mutmaßt
eine Kreuzung mit der im Mittelmeerraum ver-
breiteten Wildform Raphanus landra. Während
der Erwerbsgartenbau vorwiegend auf die
bekannten roten runden Radieschen setzt, sollte man die schmackhafte, etwas schärfere gelbe Schwester nicht vergessen. Das gelbe Radieschen, in Polen und Russland sehr populär,

fristet bei uns noch ein (unverdientes) Schattendasein. Seinen botanischen Namen Raphanus sativa verdankt es übrigens seinem schnellen Wachstum (20 – 30 Tage); das griechische Wort raphanos bedeutet übersetzt »das leicht Wachsende«. Angebaut wird das Radieschen bei uns vom Frühjahr bis in den November hinein. Die Sommersorten sind etwas kräftiger und intensiver im Geschmack als die zarten Frühjahrsradieschen, die gelben kräftiger und intensiver als die roten. Seine Schärfe verdankt das Radieschen den heilkräftigen und aromatischen Senfölen, die antibakterielle Eigenschaften besitzen und bei Erkältungen positiv auf die Schleimhäute im Mund-Rachen-Raum wirken. Auch sonst hilft es gut über den Winter: Besonders hervorzuheben sind der hohe Gehalt an Vitamin C, der schon früher die Landbevölkerung gegen Skorbut wappnete, sowie die Inhaltsstoffe Kalium und Eisen. Das Radieschen, das übrigens keine Wurzel ist, wie man meinen könnte, sondern eine Verdickung des Wurzelhalses (Hypokotyl), regt auch den Magen und Darm, Niere und Leber an. Die Schärfe wirkt besonders auf die Gallenblase, daher steht es auch als Sinnbild für Zank und Streit, wenn mal wieder »die Galle hochkocht«. Beim Kauf sollte darauf geachtet werden, dass Radieschen früher oder später pelzig werden und nur wenige Tage haltbar sind. Tipp: Blätter abdrehen und Radieschen in ein feuchtes Tuch wickeln, so bleiben sie länger frisch. Das gelbe Radieschen, frisch und roh verzehrt, bereitet angenehm scharfe Gaumenfreuden, aber auch im Salat oder als Belag auf leicht gesalzenem Bauernbrot macht es sich gut. In der chinesischen Küche werden Radies-

chen auch gedünstet. Auf jeden Fall gilt: Außen schön und innen scharf – gelb ist Trumpf!

Radieschen-Wurst-Salat

Zutaten
1 Bund Radieschen
8 Cornichons
1 Zwiebel
300 g Fleischwurst
1 Bund Schnittlauch
4 EL kalt gepresstes Rapsöl
2 EL Weißweinessig
1 TL Senf
Salz, Pfeffer

Zubereitung
Die Radieschen waschen, putzen, in Scheiben schneiden, ebenso die Cornichons. Die Zwiebel pellen und in dünne Ringe schneiden. Die Fleischwurst in dünne Scheiben schneiden. Schnittlauch waschen und klein schneiden.

Gewürze, Senf, Essig und Öl verrühren, über den Salat geben, gut durchmischen und abschmecken.

Der Salat sollte vor dem Servieren 30 Minuten durchziehen.

Tipp
Statt Fleischwurst schmeckt der Salat auch mit den kalten Resten vom Sonntagsbraten. Dazu munden frisches Bauernbrot aus dem Holzbackofen und gesalzene Sauerrahmbutter besonders gut.

Haferwurzel *Haferwurzel*

Delikatesse mit Austerngeschmack

Im Winter versteckt sich das Beste meist unter der Erde. Auch die süßlich schmeckende, milchhaltige Haferwurzel, die schon in der Antike als Gemüse bekannt war und geröstet, gebacken oder in die Suppe gegeben wurde. Bereits im 4. vorchristlichen Jahrhundert wurde die cremefarbene Pfahlwurzel aus dem Mittelmeerraum erwähnt. Im 16. Jahrhundert wurde sie kultiviert und blieb über Jahrhunderte ein beliebtes (Winter-)Gemüse, nahrhaft und wohlschmeckend. Der Botaniker und lutherische Prediger Hieronymus Bock schreibt im 16. Jahrhundert über die »süßen Wurzeln, die Kinder essen«. Im Alemannischen heißt es: »Habermark macht d' Bube stark.« Noch im 18. Jahrhundert war die Haferwurzel (Tragopogon porrifolius) in Mitteleuropa weitverbreitet. Auch im deutschsprachigen Raum wurde sie von Nord bis Süd sehr geschätzt, bevor sie im 19. Jahrhundert von der ertragreicheren Schwarzwurzel verdrängt wurde und langsam in Vergessenheit geriet.

Bekannt ist die Haferwurzel auch als Haferwurz, Bocksbart, Weiße Schwarzwurzel und Austernpflanze. Bei der Zubereitung entwickelt die Wurzel tatsächlich ein zartes Austernaroma, und bis heute gilt die »oyster plant« in Großbritannien als Delikatesse. Auch wenn man es der cremefarbenen, 15 bis 30 Zentimeter langen Haferwurzel gar nicht ansieht: Wie die Schwarzwurzel färbt ihr milchiger Saft die Hände braun.

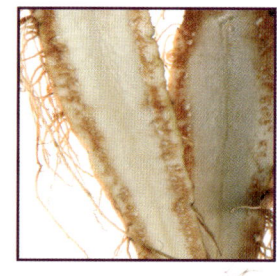

Dem Gemüse werden auch heilende Kräfte nachgesagt. Der englische Arzt Nicholas Culpepper empfahl sie im 17. Jahrhundert zur Stärkung bei Schwindsucht und als Leber- und Gallentonikum.

Das glutenfreie, an Inulin (eine unverdauliche Zuckerart) reiche Gemüse ist auch für Diabetiker interessant.

Im Frühsommer kann man sich an den pfirsichroten bis violetten Blüten der Haferwurzel erfreuen, die nicht nur hübsch aussehen, sondern sich auch gut im Salat machen.

Die süßen Wurzeln sind vielseitig in der Küche verwendbar, nicht nur im Auflauf, als Gemüse oder in der Suppe, sondern zum Beispiel auch in einem winterlichen Salat aus Feldsalat, Äpfeln und/oder Orangen, mit Nüssen sowie einer Soße aus Sahne, Zitrone (Saft und Schale) und Zucker. Im Gegensatz zur Schwarzwurzel muss man die Haferwurzel übrigens nicht unbedingt schälen und kommt deshalb nicht mit dem klebrigen Milchsaft in Berührung. Gut abbürsten reicht in vielen Fällen.

Die Haferwurzel ist zunehmend wieder in privaten Gärten zu finden, auch einige (Bio-) Bauern bauen sie wieder an. Zu Recht: Denn welches andere Gemüse schmeckt schon nach Auster?

Haferwurzelsuppe

Zutaten
800 g Haferwurzeln
1 kg Zwiebeln
6 Lorbeerblätter
1 TL Kümmel
2 Nelken
4 EL Butter
300 ml Rotwein
800 ml Gemüsebrühe
2 EL Rosenpaprika
200 ml Sahne
1 Bd. Schnittlauch
etwas Majoran
Pfeffer, Kräutersalz

Zubereitung
Die gepellten, klein geschnittenen Zwiebeln zusammen mit den Lorbeerblättern, Nelken und dem Kümmel in einem Topf mit der Butter erwärmen und 30 Minuten bei kleiner Hitze dämpfen. Mit dem Rotwein und der Brühe ablöschen, mit Rosenpaprika, Pfeffer und Kräutersalz abschmecken und einige Majoranblättchen zufügen.

Die Haferwurzeln abbürsten, in Stücke schneiden, in die Brühe geben und einige Minuten auf kleiner Hitze mitkochen.

Sahne und klein geschnittenen Schnittlauch unterrühren und noch einige Minuten köcheln lassen.

Zusammen mit Salzkartoffeln servieren.

Tipp
Wer die dünne Schale der Haferwurzel nicht mitessen möchte, schält sie unter fließendem Wasser mit dem Sparschäler. Danach die Wurzeln sofort in Zitronenwasser legen, damit sie sich nicht braun verfärben.

Huchels Leistungsauslese

So schmeckt der Frühling

Wenn nach einem langen Winter endlich die Natur erwacht und die ersten warmen Sonnenstrahlen unsere Seele streicheln, schenkt uns die Natur eine ihrer erlesensten Köstlichkeiten: den Spargel. Asparagus officinalis ist ein früher Bote des Sommers, Symbol für neu erwachte Lebensgeister und Genuss. Ende April, Anfang Mai geht es endlich los, dann gibt es die ersten frisch gestochenen Stangen von den heimischen Hügelbeeten.

Das beliebte und kalorienarme Gemüse aus der Familie der Liliengewächse wirkt entwässernd, entschlackend und entgiftend. Es besteht aus einem seesternähnlichen Wurzelstock, der ab dem dritten Jahr Sprossen (Spargelstangen) treibt. Bei dem von der Wildform abstammenden Grünspargel werden die essbaren oberirdischen Teile 10 bis 20 Zentimeter hoch. Der weiße Spargel sprießt unter einem aufgeschütteten Erdwall.

Bei uns wird dem Bleichspargel, also dem weißen, meist der Vorzug gegeben. Er ist feiner im Aroma (Spötter behaupten, fader). Grüner Spargel ist kräftiger im Geschmack und reicher an Vitaminen. Kräftig im Geschmack kann aber auch der weiße Spargel sein, besonders dann, wenn es sich um eine alte Sorte handelt – die allerdings nicht so ertragreich ist wie neuere Züchtungen. Huchels Leistungsauslese ist so eine alte Landsorte. Sie taugt nur für den extensiven Anbau, erweist sich dafür aber als sehr robust. Sie zeichnet sich aus durch besondere

Zartheit im Biss (sie hat nur wenig Fasern), durch eine ausgewogene Verbindung von Süße und Säure und einen kräftigen Geschmack. Die nach dem bekannten Spargelzüchter August Huchel benannte Sorte ist eine Weiterentwicklung der legendären norddeutschen Sorte Ruhm von Braunschweig. Noch in den 1960er und 1970er Jahren zählte die Leistungsauslese zum Besten, was heimische Spargelanbauer zu bieten hatten. Zum Glück hat sie in einigen sandigen Spargelbeeten überlebt und wird vermehrt wieder angebaut, denn der Verbraucher fragt wieder kräftigere Sorten nach.

Mit Spargel lassen sich verschiedenste Gerichte zubereiten: Salate, Suppen, kalte und warme Vorspeisen, Aufläufe, Gerichte mit Fisch und Fleisch, sogar Desserts (zum Beispiel blanchiert, karamellisiert und mit grünem Pfeffer zu Erdbeeren). Kaum ein anderes Gemüse lässt sich so vielfältig variieren, kombinieren und zubereiten. Für den Klassiker – Spargel, Schinken und neue Kartoffeln – sollte man die Stangen in ausreichend Wasser mit Salz, Zucker, Butter und Zitronenscheiben gar kochen.

Aufgrund des arbeitsintensiven Anbaus, der bis heute viel Handarbeit erfordert, ist Spargel ein »Luxusgemüse« geblieben. Und er bietet nur ein sehr kurzes Vergnügen. Kaum hat die Saison Ende April, Anfang Mai begonnen, naht schon wieder das Ende: »An Johanni« (24. Juni) ernten die deutschen Spargelanbauer traditionell zum letzten Mal. Nach dem Johannistag lässt man die Sprossen »ins Kraut schießen«. Das reich verzweigte Spargelkraut bildet dann Reservestoffe, die im Wurzelstock gespeichert werden und für eine gute Ernte im kommenden Jahr sorgen sollen.

Dann heißt es warten bis zum nächsten Frühjahr. So lange schwelgen wir in Erinnerung an die schöne Spargelzeit.

Karamellisierter Spargel mit Erdbeeren

Zutaten
400 g weißer Spargel
3 EL Limettensaft und Schale
von einer Biolimette
75 g Rohrzucker
200 g Erdbeeren

Zubereitung
Die Erdbeeren von Stil und Blüten befreien, waschen und in Scheiben schneiden.

Spargel schälen und dritteln.

Den Zucker in einem Topf mit Limettensaft auflösen. Abgeriebene Schale der Limette und die Spargelstücke darin bei kleiner Hitze 4 Minuten unter ständigem Rühren köcheln. Spargel herausnehmen und den Sud bei etwas höherer Temperatur zu Karamell einkochen.

Spargel mit Erdbeeren auf Tellern anrichten und den flüssigen Karamell darüber verteilen.

Tipp
Mit Chili und Pfeffer bekommt das Dessert noch einen interessanteren Touch.

Mit Spargel lassen sich zahlreiche Desserts zubereiten. Wie wäre es mal mit einer Spargelmousse mit Orangensoße oder einem bunten Obst-Spargel-Salat mit Joghurtsoße?

Lerchenzunge *Lerchenzunge*

Vitalisierendes Gemüse

Ursprünglich war Grünkohl im Mittelmeerraum zu Hause. Heute ist er in Deutschland vor allem im Norden anzutreffen und Grundlage deftiger Winteressen und -feste von Bremen bis Kiel. Bis heute streiten sich die Städte Bremen und Oldenburg darum, wessen »Spezialität« der Grünkohl denn nun sei.

Die längste Tradition können aber wohl die Bremer nachweisen, die seit 1545 ein öffentliches Grünkohlessen zelebrieren.

Von allen Kohlarten kommt der Grünkohl der Wildform der Kohlpflanze am nächsten. Die Griechen beschrieben schon 400 Jahre v. Chr. einen sehr krausblättrigen Blattkohl, den Vorläufer des heutigen Grünkohls. In der

römischen Küche galt er als Delikatesse. Hildegard von Bingen empfahl den grünen Kohl als vitalisierendes Gemüse, das die Stimmung verbessert und Alterungsprozesse stoppt. Tatsache ist, dass das vitamin- und nährstoffreiche Wintergemüse den Menschen (und Tieren) in früheren Zeiten das Überleben sicherte. Grünkohl zählt aufgrund seiner Dichte an Biostoffen zu den wertvollsten Gemüsen. Von allen Kohlsorten hat er den höchsten Gehalt an Kalzium und Eiweiß. Magnesium, Kalium, Eisen, Betacarotin, Vitamin C und E vervollständigen den hohen Nährwert.

Vielen anderen Gemüsesorten bekommt er gar nicht gut, dem Grünkohl dagegen dient er zur Verbesserung von Geschmack und Verdaulichkeit: der winterliche Frost. Erst durch Frost bekommt der Grünkohl seine besondere Süße, indem ein Teil der Stärke in Zucker umgewandelt wird.

Grünkohl ist aber nicht gleich Grünkohl. Wie bei jedem Gemüse gibt es schmackhafte und weniger schmackhafte Sorten. Unter den älteren Grünkohlfans erinnern sich sicher noch einige an »Lerchenzungen«. Anders als bei Rossinis Drosselzungen handelt es sich dabei nicht um Vogelzungen, sondern um eine alte Grünkohlsorte, die lange als eine der edelsten galt.

Die Pflanze ist deutlich niedriger im Wuchs als die heute gängigen Sorten. Die Blätter sind schmaler und kürzer. Aber sie haben einen besonders feinen, pikanten Geschmack, der für den größeren Arbeitsaufwand mehr als entschädigt.

Zubereitet wird die Lerchenzunge wie anderer Grünkohl: klassisch als Eintopf mit Wurst und Fleisch. Wem das zu deftig ist, probiere doch einmal zarte Grünkohlherzen (die innersten fünf Blätter) als Vorspeise oder als Beilage zu Wild- und Fischgerichten. Grünkohl lässt sich nämlich entgegen weit verbreiteter (traditioneller) Rezepturen auch mediterran mit kurzen Garzeiten schmackhaft zubereiten. So gelingt jedem ein schnelles, gesundes und leckeres Wintergericht.

Mediterranes Grünkohlgemüse

Zutaten
500 g Grünkohlherzen
2 Schalotten
1 Knoblauchzehe
Olivenöl
Muskat, frisch gerieben
Salz, Pfeffer

Zubereitung
Grünkohl waschen und klein schneiden. Im Topf mit sprudelndem Wasser 3 bis 5 Minuten bissfest blanchieren und danach sofort in Eiswasser geben.

Grünkohl mit den gepellten und klein geschnittenen Schalotten und dem Knoblauch in einer Pfanne mit Olivenöl kurze Zeit dünsten und mit Muskat, Salz und Pfeffer abschmecken.

Tipp
Durch die Beigabe einer klein geschnittenen Peperoni bekommt das Grünkohlgemüse Schärfe und dadurch einen besonderen Pfiff.

Der so zubereitete Grünkohl lässt sich auch kalt als Salat essen.

Mairübchen *Mairübchen*

Klein, aber oho

Die kleine, rundliche weiße Mairübe ist die feinste Speiserübe. Bekannt ist sie auch als Navette, Speise- und Stoppelrübe. Ihr feiner retticharttiger Geschmack – den sie ihren ätherischen Ölen verdankt – ist der robusten Herbstrübe geschmacklich weit überlegen.

Das frostharte Rübchen (Brassica rapa) wurde schon von den alten Griechen und Römern geschätzt. Im Mittelalter war es in Europa ein sehr beliebtes Grundnahrungsmittel. Mit der Entdeckung der Kartoffel und neuer Gemüsesorten geriet die Frühjahrsrübe später mehr und mehr in Vergessenheit. Erst in den 1980er Jahren nahm sich die Feinschmeckerküche ihrer wieder an und verhalf ihr zu

einem glänzenden Comeback. Besonders in Norddeutschland, in Brandenburg und im Rheinland findet die Mairübe wieder viele Anhänger.

Die Aussaat erfolgt in den ersten Frühlingstagen. Geerntet wird sie traditionell, wie schon der Name sagt, ab Anfang Mai bis in den Juni hinein. Danach wird die Rübe zu groß und ist nicht mehr so fein im Geschmack. Im April ist auch schon Folienware auf dem Markt zu bekommen, ab Mitte April gibt's dann die ersten kleinen, zarten Rübchen vom Acker.

Die Mairübe schmeckt nicht nur vorzüglich, sie ist auch reich an Kohlehydraten, Mineralstoffen, Vitaminen C, B (B1, B2, B6) und Eiweiß. Ätherische Öle sorgen für eine antibakterielle Wirkung. Wird die Mairübe roh verzehrt, sollte die Schale entfernt werden. Die Rübe wird mit den Blättern geerntet und angeboten. Mairüben sollten im Durchmesser etwa fünf Zentimeter nicht überschreiten. Am verbliebenen Blattgrün lässt sich die Frische der Rübe gut erkennen. Die Blätter können, wie Spinat zubereitet, gegessen werden. Während im Norden die Wurzel bevorzugt wird, gelten im Rheinland besonders die Blattstiele als Delikatesse und werden als Rübstiel gegessen.

Mairüben werden überwiegend gegart und als Gemüse serviert, solo oder in einem Gemüseeintopf. Wie gesagt, je jünger, desto zarter. Größere, ältere Rüben schmecken leicht erdig.

Besonders delikat ist ein Schaumsüppchen aus Mairüben und Kartoffeln.

Auch karamellisiert, als Gemüsebeilage zu Fisch und Fleisch, macht sich die Mairübe gut. Wer Rohkost mag, raspelt sie wie Kohlrabi in den Salat.

Schaumsüppchen von Mairübchen

Zutaten
750 g Mairübchen
750 g Kartoffeln
1 Zwiebel
Butter
1 Glas Weißwein
½ l Gemüsebrühe
Salz, Pfeffer, Muskat
Petersilie
etwas geschlagene Sahne

Zubereitung
Geschälte und klein geschnittene Rübchen, Kartoffeln und Zwiebel in Butter andünsten. Mit Weißwein und Gemüsebrühe auffüllen und weich kochen. Pürieren, mit Salz, Pfeffer und Muskat abschmecken und mit einem Klacks steif geschlagener Sahne und Petersilie servieren.

Tipp
Weiße Rübchen harmonieren auch im Gemüseeintopf mit Möhren, Sellerie und Kartoffeln.

Beim Einkaufen auf Knackigkeit und frisches Grün achten. In ein feuchtes Tuch geschlagen halten sich die Rübchen im Kühlschrank etwa eine Woche.

Meerrettich *Meerrettich*

Scharfe Stange gegen Winterdepression

Er ist der schärfste Vertreter seiner Familie und wird auch Scharfwurzel, Beißwurzel und Kren genannt. Die Rede ist vom Meerrettich. Kein Rettich des Meeres, aber ein »Mehr« an Rettich im Sinne eines größeren Rettichs. Andere leiten den Namen von »Mähre« ab, für Pferderettich. Viele kennen ihn nur noch aus Tuben und Gläsern. Schade eigentlich, denn frisch geriebener Meerrettich ist viel aromatischer und selbstverständlich auch gesünder als konservierter.

Die Rettichwurzel, verwandt mit Radieschen und Rübe, hat einen festen Platz im winterlichen Küchenkalender des deutschsprachigen Raums. Ob zu Karpfen oder geräucherter Forelle, zu Wild, kaltem Braten oder gekochter Rinderbrust – Meerrettich gibt den Gerichten

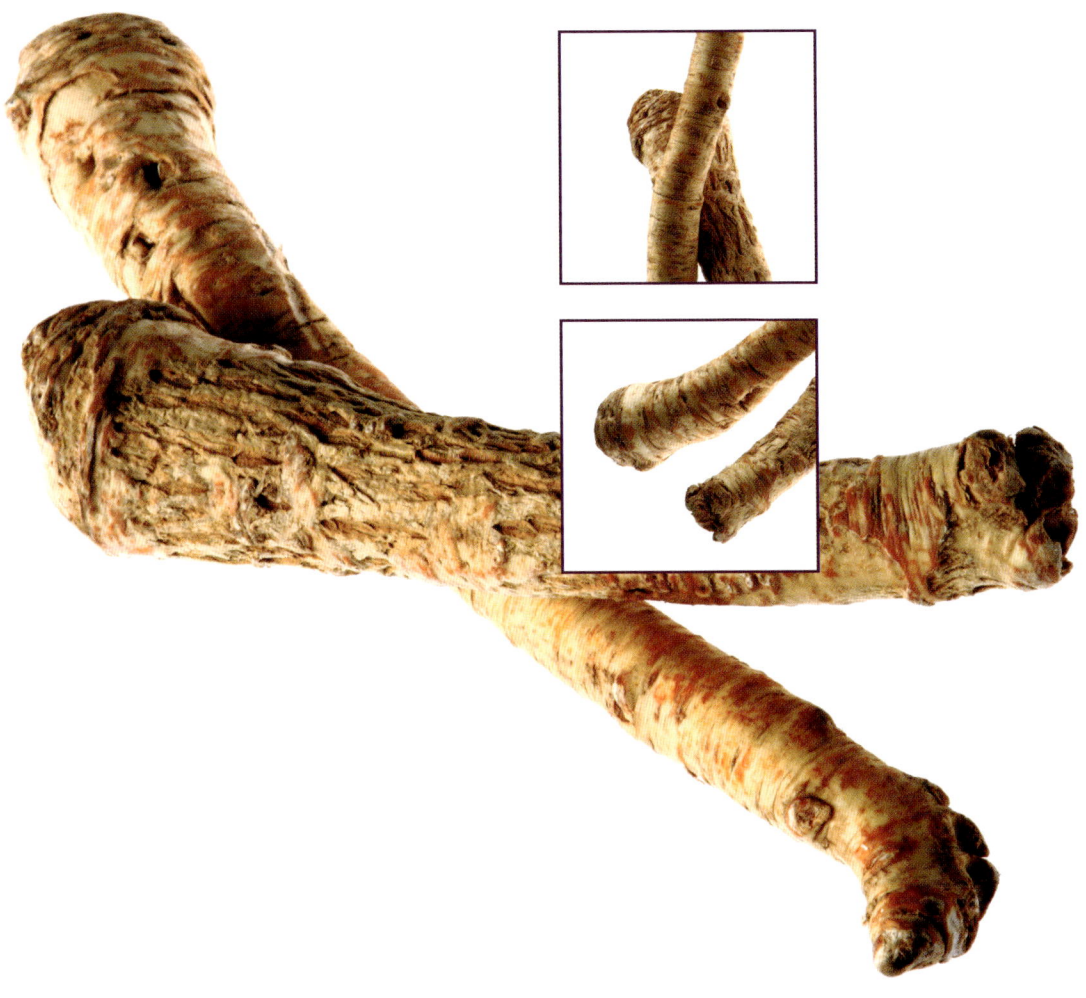

den besonderen Pfiff. Meerrettich kann aber auch zur Verfeinerung von Salaten und Soßen verwendet werden und natürlich für Gemüsegerichte.

Ursprünglich stammt Meerrettich aus Osteuropa. Schon im Mittelalter wurde er wegen seiner Heilkräfte geschätzt. Ende des 16. Jahrhunderts setzte sich Meerrettich dann auch in der Küche durch.

Sehr begehrt war Meerrettich bei englischen und deutschen Seefahrern als Vitamin-C-Lieferant zur Vorbeugung gegen Skorbut, einer Krankheit, die bekanntlich auf einem Mangel an Vitamin C beruht und unter anderem zu Zahnfleischbluten führt.

Den scharfen und würzigen Geschmack verdankt Meerrettich seinem Gehalt an Senfölen, die erst beim Zerkleinern und Reiben gebildet werden. Die Öle wirken appetitanregend, verdauungsfördernd und regen die Gallensaftsekretion an. Meerrettich soll auch bei Gicht, Rheuma, Husten und Ischias (äußerlich angewendet) helfen. Er enthält die bakterienhemmenden und krebsvorbeugenden schwefelhaltigen Substanzen Allicin und Sinigrin, die auch im Knoblauch vorkommen. Reichlich Vitamine (B, C) und Mineralstoffe vervollständigen die gesunden Inhaltsstoffe.

Geerntet werden die Wurzeln von Oktober bis April bei einer Länge von circa 50 und einem Durchmesser von vier bis acht Zentimetern. Die Schale ist bräunlich, rau und faltig, das Fleisch weiß.

Beim Einkaufen sollten Sie darauf achten, dass die Wurzeln fest sind und keine weichen Stellen haben. In ein feuchtes Tuch gewickelt bleibt Meerrettich im Gemüsefach des Kühlschranks viele Wochen frisch. Geriebenen Meerrettich möglichst gleich in die vorbereitete Speise geben – sie darf aber nicht mehr kochen, sonst verliert er an Geschmack und wird bitter – oder sofort mit etwas Zitronensaft beträufeln, damit er nicht braun anläuft. Wer's gern scharf mag, kommt mit Meerrettich gesund und munter über den Winter.

Apfel-Meerrettich-Creme

Zutaten
3 EL fein geriebener frischer Meerrettich
2 mittelgroße, säuerliche Äpfel
2 EL Fleisch- oder Gemüsebrühe
3 EL Sonnenblumenöl
1 EL Weinessig
1 TL Zucker
Salz

Zubereitung
Meerrettich in die warme oder erwärmte Brühe (zum Beispiel vom Tafelspitz) einrühren und wieder erkalten lassen.

Öl tropfenweise zu einer angedickten Soße unterrühren.

Mit Essig, Zucker, Salz abschmecken.

Direkt vor dem Servieren die frisch geriebenen Äpfel zufügen.

Tipp
Ein Hochgenuss zu jedem gekochten Rindfleischgericht wie Tafelspitz. Schmeckt auch zu kaltem Bratenaufschnitt.

Pastinake

Antikes Wintergemüse

Die Pastinake ist eine der ältesten Sammel-
pflanzen der Menschheit. Die elfenbeinfarbige
Rübe wurde ursprünglich im Mittelmeerraum
kultiviert und schon im 1. Jahrhundert n. Chr.
vom griechischen Arzt Pedanios Dioskurides
beschrieben. Mit den Römern kam die Pastinake über die Alpen und hielt Einzug in der
mittelalterlichen Klosterküche. Sie galt als
ideale Fastenspeise, weil sie im Gegensatz zu
Fleisch erlaubt und sehr nahrhaft war. Die Ger-
manenwurzel, wie sie auch genannt wurde,

blieb bis ins 18. Jahrhundert hinein eines der
beliebtesten Wurzelgemüse, bis sie von der
Kartoffel, der Karotte und dem Knollensellerie
verdrängt wurde. Die Vertreibung der Pastinake durch die Kartoffel ist schwer verständlich,
haben doch beide Pflanzen botanisch und kulinarisch nichts miteinander zu tun.

Die 20 bis 30 Zentimeter lange und 5 bis 8
Zentimeter dicke Pastinake gehört wie die
Möhre zur Familie der Doldenblütler. Sie hat
gelbe Blüten und breitere Blattfedern.

Die wilde Pastinake ist in Deutschland weitverbreitet und wächst oft unbeachtet an Wegesrändern. Sie wird bis zu einem Meter hoch und

ist gut an ihren auffallenden gelben Blüten-schirmen zu erkennen. Ihre Blätter können als würziges Suppengrün oder als Salatwürze ver-wendet werden.

Die Gemüsepastinake (Pastinaca sativa) kommt in unseren Breiten langsam wieder mehr in Mode. Sie ist ein ideales Wintergemü-se: gesund, nahrhaft und lecker.

Sie hat einen hohen Nährwert. Der Kohlen-hydratanteil liegt bei drei Prozent. Eiweiß, Fett, Kalium, Phosphor, Kalzium und Magnesium sind weitere gesunde Bestandteile der Wurzel.

Nach dem Schälen kann man Pastinaken wie anderes Gemüse in Salzwasser kochen. Um ihnen den besonderen Geschmack zu ent-locken, sollte man sie klein geschnitten (wie Bratkartoffeln) in Olivenöl goldbraun braten und anschließend noch kurz im warmen Ofen ziehen lassen. Wer jetzt noch den ersten Bo-denfrost abwartet – sie schmeckt dann feiner und milder –, wird mit einer cremigen, leicht süßlichen Köstlichkeit als Hauptdarsteller eines vegetarischen Gerichts oder als Begleiter zu gebratenem Fleisch belohnt. Auch sollte die Wurzel nicht zu groß sein, weil sie dann dazu neigt, holzig zu werden.

Der feine, süßlich aromatische und zugleich unaufdringliche Geschmack der unscheinbaren Wurzel, die gern mit der kleineren und kürze-ren Petersilienwurzel verwechselt wird, und ihre vielen Variationsmöglichkeiten in der Küche machen sie zu einem echten Fein-schmeckergemüse. Vielleicht wird sie deshalb auch zu Babynahrung verarbeitet.

Pastinaken-Lauch-Gemüse

Zutaten
600 g Pastinaken
400 g Lauch
Butter
2 TL Zitronensaft
1 Glas Weißwein
200 ml Sahne
Salz, Pfeffer, Muskat
2 Thymianzweige

Zubereitung
Pastinaken schälen, vierteln und in 3 Zentime-ter große Stücke schneiden. In einer Pfanne mit Butter circa 10 Minuten dünsten.

In der Zwischenzeit den Lauch putzen, waschen und in feine Ringe schneiden. In die Pfanne zu den Pastinaken geben, kurz mitdüns-ten und mit dem Zitronensaft und dem Weiß-wein ablöschen. Das Gemüse aufkochen las-sen, die Sahne zugeben und alles langsam köcheln lassen, bis die Pastinaken weich sind.

Mit Salz, Pfeffer, Muskat und Thymianblätt-chen abschmecken.

Tipp
Das Gemüse schmeckt gut zu Koteletts vom Lamm oder Schwein. Aber natürlich kann man sich das Gemüse auch solo schmecken lassen. Wer es noch kräftiger mag, schmort das Gemü-se etwas kürzer, gibt es in eine Auflaufform, bestreut es mit geriebenem Käse, zum Beispiel Parmesan, und überbackt es für 15 Minuten bei 200 °C im Ofen.

Petersilienwurzel *Petersilienwurzel*

Heilwurzel mit Geschmack

Petersilie kennt jeder, entweder mit krausen oder glatten gefiederten Blättern. Die verwandte Petersilienwurzel ist dagegen weniger bekannt. Dabei wurde die Wildform, die aus dem südöstlichen Mittelmeerraum stammt, im 16. Jahrhundert zuerst von norddeutschen Gärtnern kultiviert. Im englischsprachigen Raum wird sie bis heute als »Hamburg parsley« oder »Dutch parsley« bezeichnet. Auf den Britischen Inseln erlangte das Wurzelgemüse, ein Vetter der Pastinake, große Beliebtheit. Heilende Wirkung bei Blasenerkrankungen und Verdauungsstörungen wurden ihm zugeschrieben. Fast alle Familienangehörigen der Doldenblütler – dazu gehören Petersilie und Petersilienwurzel – haben einen hohen Gehalt an Vitaminen, Mineral- und Aromastoffen sowie an ätherischen Ölen. Deshalb sind fast alle Arten dieser Familie nicht nur delikate Gemüse und Gewürze, sondern auch beliebte Heilpflanzen. In der Volksheilkunde wurde die konisch

zulaufende, sechs bis zwölf Zentimeter lange Wurzel als harntreibendes und blutreinigendes Mittel eingesetzt. Die Petersilienwurzel ist tatsächlich reich an Eiweiß, Kalzium, Eisen, Provitamin A sowie an den Vitaminen C, B1, B2, E und Folsäure.

Petersilie und Petersilienwurzel keimen äußerst langsam. In katholischen Ländern heißt es, dass der Samen erst nach Rom reisen müsse, um beim heiligen Petrus die Erlaubnis zum Aufgehen einzuholen, denn erst nach sechs Wochen ist er wieder da.

Die elfenbeinfarbene Wurzel mit ihrem kräftigen Geschmack ist frosthart und kann über den Winter im Beet gelassen werden. Geschmacklich vereint sie Möhren, Knollensellerie, Pastinaken und natürlich Petersilie und eignet sich hervorragend als Suppengemüse – gehört traditionell in jedes Suppenbund – und auch vorzüglich als Gemüseeinlage für Eintöpfe und Schmorgerichte. Oder probieren Sie ein Petersilienwurzel-Kartoffel-Püree. Dafür kochen Sie geschälte und in Würfel geschnittene Petersilienwurzeln und Kartoffeln in Salzwasser (oder Gemüsebrühe), gießen das Wasser ab und stampfen das Gemüse unter Zugabe von etwas Olivenöl und Butter zu einem Brei. Mit Salz, Pfeffer und reichlich Muskat würzen. Wer es feiner mag, nehme den Mixer.

Die Petersilienwurzel kann man fast das ganze Jahr über verwenden: im Sommer die Blätter der Pflanze (wie Blattpetersilie) zum Würzen, im Herbst und Winter die Wurzel als Gemüse.

Wurzelgemüse

Zutaten
500 g Möhren
500 g Kartoffeln
250 g Petersilienwurzel
125 g Sellerieknolle
1 Gemüsezwiebel
Butter, Öl
2 TL Honig
250 ml Gemüsebrühe
200 ml Sahne
Salz, Pfeffer
1 Bund Petersilie

Zubereitung
Gemüse schälen, in etwa gleich große Stücke schneiden und zusammen mit der gepellten und klein geschnittenen Zwiebel in einer Butter-Öl-Mischung anbraten.

Den Honig zugeben, unter Rühren einkochen lassen, mit Brühe aufgießen und circa 15 Minuten bei mittlerer Hitze einkochen lassen.

Für die letzten 5 Minuten die Sahne zugeben und mit Salz und Pfeffer abschmecken.

Zum Schluss klein gehackte Petersilie einstreuen.

Tipp
Das Wurzelgemüse passt wunderbar zu Wildgerichten.

Petersilienwurzeln kann man im Winter im kühlen und trockenen Keller in Behältnissen mit Sand viele Wochen lagern.

Rotstieliger Mangold

Rotstieliger Mangold

Würzige Offenbarung

Der Name Mangold geht vermutlich auf das altdeutsche Wort Managolt oder Managwalt zurück, was so viel bedeutet wie »Vielherrscher« und auf seine zahlreichen Vorzüge anspielt, die ihn über andere Pflanzenarten stellen. Bereits in der Antike wussten dies die alten Griechen zu schätzen und kultivierten ihn. Bei uns erfreute sich der Abkömmling der Strandrübe aus dem Mittelmeerraum seit dem 13. Jahrhundert größerer Beliebtheit, bis er im 19. Jahrhundert vom Spinat verdrängt wurde.

Heute erlebt das würzige und nussige Gemüse wieder eine Renaissance – schade, dass gleichzeitig die seltenen Sorten dieses Gänsefußgewächses fast von der Bildfläche verschwunden sind. Zu diesen zählt der Rotstielige Mangold, eine Zierde jedes Gartens und kulinarisch eine würzige, subtil nussige, leicht bittere Offenbarung. Botanisch ist Beta vulgaris mit der Roten Bete verwandt, doch werden nicht die Knollen, sondern die Blätter und Stiele genossen. Man unterscheidet Blatt- und Stielmangold, die Zubereitung ähnelt der von Spinat.

Um seine Rotfärbung und seinen Geschmack zu erhalten, sollte man den Rotstieligen Mangold möglichst kurz blanchieren und anschließend in etwas karamellisiertem Zucker, Butter und Salz schwenken. Nicht nur im Geschmack ist er unschlagbar – er enthält auch jede Menge gesunde Inhaltsstoffe: Kalzium, Kalium, Phosphor und Eisen sowie zahlreiche Vitamine, wie Vitamin C und A und Karotin. Mangold gilt in der Volksmedizin als Helfer bei Bronchitis, Lungenentzündung, Darmträgheit und Nervosität. Doch Vorsicht: Mangold sollte nicht noch einmal aufgewärmt werden, da er wie Spinat auch reich an Nitraten ist, die bei nicht ausreichender Kühlung unter Einfluss von Bakterien in gesundheitsschädliche Nitrite verwandelt werden.

Der bei uns angebotene zweijährige Rotstielige Mangold kommt häufig noch aus Süditalien, wird aber zunehmend auch von heimischen (Bio-)Bauern angebaut. Beim Einkauf sollte man auf makellose Stiele achten, die Blätter sollten knackig, glänzend und fest sein. Vor der Zubereitung müssen die braunen Stellen entfernt und das Gemüse gründlich gewaschen werden. Der feine rote Mangold passt hervorragend als Beilage zu Fisch und Fleisch, zu Eintöpfen oder auf eine Pizza. Die Blätter eignen sich auch sehr gut als Hülle für Rouladen (nicht umsonst wird Mangold auch als »Römischer Kohl« bezeichnet). Die Stiele haben eine längere Garzeit, also werden sie von den Blättern abgetrennt. Gelagert wird der Mangold feucht eingeschlagen ein paar Tage im Gemüsefach. Auf jeden Fall gilt: Wenn Sie ihn erst einmal probiert haben, möchten Sie nicht mehr auf ihn verzichten.

Gemüse vom roten Mangold

Zutaten
1 kg Rotstieligen Mangold
2 Schalotten
1 Knoblauchzehe
Butter
50 g Rohrzucker
200 ml Crème fraîche
etwas Zitronensaft
Salz, Pfeffer

Zubereitung
Mangoldstiele in Stücke, Blätter klein schneiden und waschen.

Stiele drei Minuten, Blätter eine Minute in kochendem Salzwasser blanchieren, danach kalt abschrecken und abtropfen lassen.

Zucker in einer Pfanne mit Butter karamellisieren. Gepellte und klein gehackte Schalotten und Knoblauch und die Mangoldstiele zugeben und kurz andünsten. Mangoldblätter zufügen und kurz mitdünsten, dann Zitronensaft und Crème fraîche zufügen, mit Salz und Pfeffer abschmecken und bei mittlerer Hitze noch circa fünf Minuten einköcheln lassen.

Tipp
Dazu passt zum Beispiel ein auf der Haut gebratener Zander oder ein schönes Kalbskotelett mit Salz- oder Bratkartoffeln.

Wer es nicht so bitter mag, verwendet weniger Stiele und dafür mehr Blätter.

Schwarzer Rettich

Schwarzer Rettich

Scharf durch den Winter

Der Rettich, ursprünglich in Vorderasien beheimatet, gehört zu den ältesten Kulturpflanzen überhaupt. In Deutschland ist er seit dem 13. Jahrhundert als Gemüse- und Heilpflanze bekannt. Schon die alten Ägypter stärkten sich mit Rettich. Er gehörte neben Zwiebeln und Knoblauch zur wichtigsten Nahrung der Pyramidenarbeiter. So finden sich in zahlreichen ägyptischen Gräbern Abbildungen von Rettichen. Der römische Admiral und Gelehrte Plinius der Ältere (ca. 23 – 71 n. Chr.), der nach seiner Pensionierung eine 37-bändige Naturgeschichte verfasste (Naturalis historia), schreibt, dass die Ägypter den Rettich vor allem wegen des in seinem Samen enthaltenen Öls anbauten und dass der Rettich dermaßen gut in kalten Gegenden gedieh, dass seine Früchte in Germanien die Größe neugeborener Kinder erreichten.

Heute ist der Verbrauch in Europa mit etwa 250 Gramm pro Kopf und Jahr vergleichsweise gering, ein Japaner isst im Durchschnitt 13 Kilo – dort steht er symbolhaft für

Wohlstand – und die Koreaner bringen es pro Person sogar auf 30 Kilo im Jahr.

Die Rübe der zweijährigen Rettichpflanze bildet sich aus den Hauptsprossen und einem Teil der Wurzel. Je nach Sorte kann Rettich rund, zapfen-, spindel- oder walzenförmig, zylindrisch oder oval sein. Die Farbe der Schale schwankt zwischen Weiß, Rosa, Rot, Braun, Violett bis Schwarz. Das Fleisch ist weiß. Besonders der Schwarze Rettich bringt uns gut über den Winter. Er heißt auch Winterrettich, übersteht auf dem Feld Temperaturen von bis zu -10 °C und kann den ganzen Winter eingelagert werden.

Der Schwarze Rettich ist reich an Vitaminen (B1, B2, C) sowie an Mineralstoffen (Kalium, Kalzium, Phosphor, Eisen) und steht in der Volksmedizin hoch im Kurs. Er regt den Appetit an und fördert die Verdauung, unterstützt die Gallensekretion und wirkt hustenlösend sowie positiv bei Leberleiden, Rheuma und Gicht. Die heilende Wirkung beruht auf den schwefelhaltigen Senfölen Raphanol, Glukoraphain und Senfölglykosid. Die Senföle sorgen auch für den intensiven Geschmack; sie geben ihm seine Schärfe. Frühjahrsrettich ist milder, schwarzer Winterrettich kann beißend scharf sein. Durch Bestreuen mit Salz oder durch Erhitzen lässt sich die Schärfe mildern.

Rettich schmeckt roh auf einem Butterbrot oder als Salat zubereitet. Aber auch gedünstet oder kurz gekocht ist er eine raffinierte Beilage zu Kurzgebratenem.

Schwarzer-Rettich-Salat

Zutaten
2 schwarze Rettiche
40 g Kürbiskerne, gehackt
1 EL Rotweinessig
3 EL Olivenöl
1 TL Honig
Meersalz
weißer Pfeffer

Zubereitung
Die Rettiche in feine Scheiben schneiden oder hobeln und mit den Kürbiskernen in eine Schüssel geben.

Essig, Öl, Honig, Meersalz und weißen Pfeffer zu einer Vinaigrette verrühren, über den Rettich geben und vorsichtig unterrühren.

Tipp
Je nach geschmacklichen Vorlieben kann man den Salat noch mit roten Weintrauben oder Cocktailtomaten oder Radieschen anreichern.

Auch mit frisch geriebenem Parmesan schmeckt der winterliche Salat.

Dazu einfach nur gutes Bauernbrot reichen.

Schwarzwurzel *Schwarzwurzel*

Winterliche Spargelfreuden

Was früher sogenanntes Armeleuteessen war, entdecken Sterneköche heute neu: alte (Wurzel-)Gemüsesorten, zum Beispiel die Schwarzwurzel. Das typische Wintergemüse ist auch bekannt als Winterspargel, Nattermilch und Spanische Haberwurz. Auch als »Armeleutespargel« wurde das Wurzelgemüse bekannt. Denn die pikante Wurzel aus der Familie der Korbblütler ist in geschälter Form dem weißen Spargel nicht unähnlich, und der milde, leicht süßsäuerliche Geschmack erinnert tatsächlich ein wenig an Spargel.

Schon in vorgeschichtlicher Zeit dürften die delikaten Wurzeln als Wildgemüse gesammelt worden sein und die schmackhaften jungen Blätter als Suppengrün Verwendung gefunden haben. Als Heilpflanze kennt man die im Mittelmeerraum beheimatete Schwarzwurzel seit 2000 Jahren. Zum Beispiel nach Schlangenbissen soll sie eine heilende Wirkung haben, genauso wurde sie aber auch gegen Epilepsie und Herzerkrankungen eingesetzt. Als Kulturpflanze breitete sie sich ab dem 17. Jahrhundert über Italien und Frankreich in ganz Europa aus.

Die winterharte Pflanze wird 60 bis 125 Zentimeter hoch. Zwar werden nur die Wurzeln im Handel angeboten, aber auch die Blatt-

stiele, Knospen und Blüten sind essbar, sie eignen sich besonders für Salat. Die braunschwarze Wurzel wird 2 bis 4 Zentimeter dick und 20 bis 40 Zentimeter lang. Im Inneren ist sie fleischig, weich, weiß und nährstoffreich. Sie enthält Eiweiß, Fett, Mineralien (Kalium, Kalzium, Phosphor, Eisen), Vitamine (B1, E, C). Wegen ihres sehr hohen Inulingehalts ist die Schwarzwurzel besonders für Diabetiker geeignet, denn sie hält den Blutzuckerspiegel konstant.

Das Wurzelgemüse hat einen milden süßsäuerlichen Geschmack. Zubereitet wird die Schwarzwurzel, die den ganzen Winter über angeboten wird, fast ausschließlich als Kochgemüse wie Spargel.

Das Schälen ist etwas aufwendig, denn vom austretenden Milchsaft der Rinde bekommt man klebrige, braunrot verfärbte Hände. Deshalb am besten Gummihandschuhe tragen, die Wurzeln unter fließendem Wasser schälen und sofort in Zitronenwasser legen, sonst läuft das Fruchtfleisch an (oxidiert). Aber die Mühe der Zubereitung lohnt sich. Denn mit Unterstützung von beispielsweise Sahne und Pinienkernen wird aus dem ehemaligen »Armeleuteessen« ein winterliches Gourmetgericht.

Schwarzwurzeln in Sahnesoße

Zutaten
800 g Schwarzwurzeln
2 Zitronen
200 ml Gemüsebrühe
200 ml Sahne (oder Schmand)
1 Bund Kerbel (oder Petersilie)
Salz, Pfeffer, Muskat
40 g Pinienkerne

Zubereitung
Schwarzwurzeln schälen, dritteln, mit Zitronensaft beträufeln und in Salzwasser mit Zitronenscheiben etwa 15 Minuten gar kochen.

Für die Soße wird die Gemüsebrühe in einem Topf stark eingekocht (reduziert), dann die Sahne zugegeben. Dick einkochen lassen und mit Zitronensaft, Salz, Pfeffer und Muskat abschmecken. Zum Schluss den gehackten Kerbel zugeben.

Schwarzwurzeln abtropfen lassen, mit der Soße übergießen und mit Pinienkernen – in einer Pfanne ohne Fett leicht geröstet – bestreuen.

Tipp
Ein feinwürziges winterliches Gemüsegericht. Wer mag, brät sich ein Stück Fisch oder Fleisch dazu. Salzkartoffeln machen die Sache rund.

Steckrübe *Steckrübe*

Süßes Renaissancegemüse

Die Steckrübe (Brassica napus), auch bekannt als Kohlrübe, Bodenrübe und Wruke, ist eine Kreuzung von Herbstrübe und Kohlrabi und entstammt dem westlichen Mittelmeerraum. Angebaut wird sie weltweit in allen gemäßigten Klimazonen. Geerntet wird die Steckrübe im Herbst, sie kann den ganzen Winter über gelagert werden. Die Knolle der Rübe ist rund, oval oder spitz zulaufend. Ihre dicke raue Schale ist weißlich gelb bis rötlich braun, das Fleisch weiß bis gelb. In der Küche wird die gelbfleischige Sorte bevorzugt. Sie wächst größtenteils über der Erde und wird bis zu zwei Kilo schwer.

Die Steckrübe ist ein gesundes, ernährungsphysiologisch wertvolles Wurzelgemüse. Einerseits kalorienarm (84 Prozent Wassergehalt), andererseits reich an Traubenzucker, Eiweiß, Fett, Kalzium, Provitamin A und den Vitaminen B1, B2 und C.

Roh schmeckt die Rübe herb und erdig, erst gekocht kommt ihr süßlicher Geschmack, der ein wenig an Möhren erinnert, richtig zur Geltung.

Aus der unscheinbaren Rübe lassen sich herrliche Pürees bereiten. Aber auch für Aufläufe, Eintöpfe und als Begleiter für Fisch- und Fleischgerichte ist sie ideal. Außerdem kann man köstliche Salate aus der Kohlrübe zaubern. In Norddeutschland sind der aus Rüben, Kartoffeln und Schweinefleisch gekochte Steckrübeneintopf und das Rübenmus Küchenklassiker. Beim »Lübecker National« wird ein Teil der Steckrüben durch Wurzeln ersetzt, jede Region hat ihre besondere Zubereitungsart. Auch »gestovte« Steckrüben kennt man: Fein gewürfelte Steckrüben werden in einer hellen Mehlschwitze zu Fleisch gereicht.

Seit dem berüchtigten »Kohlrübenwinter« 1916/17 waren die Rüben lange Zeit verrufen. Da die Ernteerträge bei Getreide und Kartoffeln durch den kriegsbedingten Mangel an Arbeitskräften, landwirtschaftlichen Maschinen und Düngemitteln stark zurückgingen, nahm die Steckrübe die Stelle der Kartoffel als Grundnahrungsmittel ein. Morgens, mittags, abends gab es Steckrüben. Die Rübe wurde in dieser Zeit sogar als Kaffeeersatz und für Nachspeisen verwendet. Zu viel des Guten: Das Volk hatte lange Zeit genug von der Kohlrübe. In der Folgezeit, als es wirtschaftlich wieder aufwärts ging, waren Steckrüben unpopulär und es wurden fast ausschließlich Futterrüben angebaut. Mit der Rückbesinnung auf die traditionelle Küche und durch ihre Verwendung in der Gourmetküche feiert die Steckrübe heute jedoch eine erstaunliche Renaissance. Seitdem gilt: Kein Winter ohne Steckrüben.

Steckrüben-Lauch-Salat

Zutaten
500 g Steckrüben
2 Frühlingszwiebeln
1 kleiner Lauch
4 Schalotten
4 EL Weißweinessig
6–8 EL Rapsöl, kalt gepresst
Meersalz, schwarzer Pfeffer
1 Bund Petersilie

Zubereitung
Steckrübe schälen und in längliche Stifte schneiden. Lauch in Ringe schneiden und waschen. Zusammen in kochendem Salzwasser eine Minute blanchieren, in Eiswasser abschrecken und abtropfen lassen.

Aus Essig, Öl, Salz und Pfeffer eine Marinade rühren.

Steckrübenstifte und Lauch mit den klein geschnittenen Frühlingszwiebeln und Schalotten mischen, Marinade darübergeben, durchrühren und 30 Minuten durchziehen lassen.

Vor dem Servieren die gehackte Petersilie untermischen.

Tipp
Dazu passen ein kräftiges Bauernbrot und ein paar Scheiben luftgetrockneter Schinken.

Beim Einkauf den kleineren Exemplaren der Rübe den Vorzug geben, sie schmecken intensiver und sind nicht holzig. Im Gemüsefach des Kühlschranks oder im kühlen Keller halten sich Steckrüben bis zu zwei Wochen frisch.

Teltower Rübchen

Goethes Lieblingsrübe

Von allen Rüben ist sie wohl die berühmteste. Gemeint ist das Teltower Rübchen. Schon um 1700 war es an allen europäischen Fürstenhöfen eine geschätzte Delikatesse. Auch Goethe rühmte die Rübchen in Briefen an seinen Freund Karl Friedrich Zelter als besonderen Leckerbissen. Er ließ sie sich zwischen 1804 und 1831 scheffelweise von seinem Berliner Freund – einem Komponisten und Gründer der Musikakademie – nach Weimar schicken. Auch Theodor Fontane schwärmte für die kleine Rübe aus Teltow in Brandenburg. In dem südlich von Berlin gelegenen Städtchen wurde sie nachweislich zuerst angebaut, so wurde es auch zum Namensgeber.

Und in der Tat: Das langsam wieder mehr beachtete Gemüse, das fast in Vergessenheit geraten war, ist eine wahre Köstlichkeit. Die kleine elfenbeinfarbene, etwas verwachsene Speiserübe schmeckt leicht nach Rettich, dabei aber auch fein süßlich. Jeglicher strenge Nachgeschmack, der einigen ihrer Verwandten zu eigen ist, ist ihr vollkommen fremd. Schon beim Schälen verströmt sie einen wunderbaren komplexen Duft, der an die weite märkische Landschaft mit ihren Kiefern und Birken erinnert und ein wenig an Meerrettich.

Foto: Brigitte Bonaposta/fotolia.com

Die Rübe wird sechs bis acht Zentimeter lang und ist an der dicksten Stelle vier Zentimeter breit. Während die verwandten Mairübchen von Mai bis August frisch auf dem Markt sind, werden die Teltower erst im Spätsommer ausgesät. In nur sechs bis acht Wochen wachsen sie heran, die Ernte beginnt im Oktober und geht bis in den November hinein.

Beim Einkauf unbedingt auf die Festigkeit des Gemüses achten. In ein feuchtes Tuch geschlagen halten sich die Rübchen im Kühlschrank etwa eine Woche.

Teltower Rübchen enthalten zahlreiche gesunde Inhaltsstoffe: Vitamin C und B sowie Magnesium, Kalzium, Eisen und Jod.

In der Küche wird das berühmte Rübchen dünn geschält und kann sofort roh verzehrt werden. Auch als Salat macht es sich gut. Ansonsten kann man es dünsten, schmoren, glasieren, gratinieren, pürieren und frittieren.

Über die Jahrhunderte entstanden viele Rezepte um und mit dem kleinen Feinschmeckerrübchen, wie zahlreiche Kochbücher aus dem 19. und 20. Jahrhundert beweisen. Ein Klassiker dieser Zeit ist immer wieder Ente mit Teltower Rübchen.

Schon Goethe unterschied zwischen den »echten märkischen Rüben« und anderen, die manchmal fälschlicherweise unter dem berühmten Namen angeboten wurden und werden. Aber nur, was aus den richtigen (alten) Samen kommt und im Raum Teltow mit seinen kargen, sandigen, manchmal gar kiessandigen Böden wächst, darf sich auch Teltower Rübchen nennen. Nur dort entwickelt es sein unvergleichliches Aroma. Ein Rübchen mit Geschichte, nicht nur für Feinschmecker.

Entenkeulen mit Teltower Rübchen

Zutaten
4 Entenkeulen
600 g Teltower Rübchen
100 ml Weißwein, trocken
Butterschmalz
4 Schalotten
4 Rosmarinzweige
8 Pfefferkörner
2 Lorbeerblätter
Salz, Pfeffer

Zubereitung
Entenkeulen in Butterschmalz anbraten, salzen, pfeffern, mit Weißwein ablöschen und zusammen mit den gepellten ganzen Schalotten, Pfefferkörnern, Lorbeer und Rosmarinzweigen in einer feuerfesten Form oder auf einem Backblech in den auf 180 °C vorgeheizten Ofen schieben.

Nach 25 Minuten die geschälten und halbierten Rübchen um die Entenkeulen verteilen und zusammen noch 20 Minuten im Ofen schmoren lassen.

Tipp
Bei dieser Zubereitungsart saugen die Rübchen das köstliche Entenaroma und -fett förmlich in sich auf. Natürlich können Sie auch eine ganze Ente so zubereiten, es verlängert sich dann nur die Garzeit.

Topinambur *Topinambur*

Nussig süße Sonnenblume

Die Topinamburknolle (Helianthus tuberosus) hat viele Bezeichnungen: Erdbirne, Erdapfel, Erdartischocke, Diabetikerkartoffel, Indianerkartoffel ... um nur einige zu nennen. Die uramerikanische Sonnenblumenart kam um 1600 nach Europa, breitete sich rasch aus – von den französischen Fürstenhöfen über Baden nach Norddeutschland – und war bis Mitte des 18. Jahrhunderts ein sehr beliebtes Grundnahrungsmittel.

Benannt wurde die von den amerikanischen Ureinwohnern kultivierte Pflanze aus der Familie der Korbblütler nach dem südamerikanischen (brasilianischen) Indianerstamm der Tupinambas.

Mit dem Siegeszug der viel kalorienreicheren Kartoffel verlor Topinambur zunehmend an Bedeutung. Nur noch in Hungerzeiten stand sie auf dem Speisezettel. Seit einiger Zeit erlebt die Topinamburpflanze bei uns jedoch eine Art Renaissance. Vor allem die Naturmedizin hat die Knolle als Heilmittel gegen aktuelle Gesundheitsprobleme entdeckt: Übergewicht und Diabetes. Die Topinambur ist nämlich kalorienarm und hat einen sehr lang anhalten-

den Sättigungseffekt. In Apotheken und Reformhäusern sind Topinamburtabletten gegen Heißhungerattacken erhältlich.

Die Knolle ist tatsächlich gesund, denn sie ist reich an Kalium, Phosphor, Kalzium, Magnesium und Eisen. Sie ist auch für Diabetiker ideal, da sie Inulin, ein Reservekohlenhydrat, enthält, das ohne Insulin verdaut werden kann.

Die bis zu drei Meter hohe Pflanze ist wegen der dekorativen Blätter und hübschen Blüten für jeden Garten eine Zierde. Topinambur ist allerdings auch sehr vermehrungsfreudig, doch durch eine Wurzelsperre lässt sich die Delikatesse im Zaum und vom Wuchern abhalten.

Die gelbe, braune oder violette Schale ist hauchdünn, deshalb muss sie nicht unbedingt geschält werden, es genügt, sie gut abzubürsten. Zubereitet wird die helle Knolle ganz nach Belieben: gebacken, gebraten, gedünstet, püriert, roh oder gekocht und mariniert als Salat. Roh hat sie einen artischockenähnlichen Geschmack, gekocht einen nussig süßlichen.

Alles, was man in der Küche mit einer Kartoffel anstellt, ist auch mit Topinambur möglich. Beide vertragen sich auch gut gemeinsam im Püree oder als Salat. Einfach mal ausprobieren! Bei Kontakt mit Sauerstoff verfärbt sich das weißliche Fleisch bräunlich, ein paar Spritzer Zitronensaft helfen, die Farbe zu behalten.

Die Topinamburknolle hat schöne Blüten fürs Auge und gesunde, leckere Früchte für den Magen – mehr kann man von einer Gemüsepflanze nicht erwarten.

Topinambur-Kartoffel-Salat

Zutaten

500 g Topinambur
4 große festkochende Kartoffeln
4 EL Rapsöl (kalt gepresst)
100 ml Gemüsebrühe
1 EL weißer Balsamico
1 EL Kokosmilch
Salz, Pfeffer
½ Bund Dill

Zubereitung

Topinambur und Kartoffeln in Salzwasser weich kochen. Dann schälen, in Scheiben schneiden und in eine Schüssel geben.

Noch warm anmachen: zuerst Öl und Essig zugeben, dann die leicht erwärmte Brühe, dann die Kokosmilch. Mit Salz und Pfeffer abschmecken und vorsichtig verrühren. Zum Schluss den klein geschnittenen Dill darüberstreuen.

Tipp

Die leicht nussig schmeckenden Rapsöle aus heimischer Produktion haben in den letzten Jahren stark an Qualität gewonnen und sollten mehr Beachtung finden. Statt Dill kann man auch Fenchelkraut verwenden. Am liebsten esse ich den Salat mit gegrilltem Fisch, Kotelett oder Steak.

Wildkohl *Wildkohl*

Schweißtropfen des Zeus

»Ich bin eigentlich der Kohlkönig, mehr Kohl kann man sich nicht vorstellen«, meinte einmal Altkanzler Helmut Kohl. Nun, darüber lässt sich streiten. Nehmen wir zum Beispiel den Wildkohl (Brassica oleracea) aus der Familie der Kreuzblütler: Aus kleinem Kraut wurde großer Kohl. Der Urahn der heutzutage stattlichen Kohlfamilie ist ein eher schmächtiges Blattgewächs, aber nichtsdestotrotz nicht weniger schmackhaft. Schon die steinzeitlichen Wildbeuter schätzten das nahrhafte und gesunde Wildgemüse und seine ölhaltigen Samen. Die Pflanze kam praktisch von allein zu den ersten Bauern. Auf entblößtem, stickstoffhaltigem

Boden fand der Wildkohl zunächst als Unkraut seine Nische. Die Griechen und Römer beschäftigten sich intensiv mit der Kultivierung des wilden Kohls. Die Griechen nannten ihn »krambe«, was so viel wie Meerkohl heißt. Denn Kohlpflanzen lieben das feuchte Seeklima. Im antiken Griechenland galt der Kohl als heilige Pflanze. Der Kohl sei, so der Mythos, aus den Schweißtropfen des Götterkönigs Zeus entsprungen, als dieser wegen eines widersprüchlichen Orakels ins Schwitzen kam. Deswegen konnte man beim Kohlkopf Eide schwören oder mit Kohl unreine Geister von Kindern und Wöchnerinnen fernhalten. Eine andere antike Legende erzählt, dass das Gemüse aus den Tränen des Königs Lykurgos hervorging. Lykurgos verachtete den Weingott Dionysos. Er vertrieb

die ekstatischen Weintrinker und ließ alle Rebstöcke abhacken. Zur Strafe schlug der Gott des Weines den König mit Wahnsinn, sodass Lykurgos seinen eigenen Sohn tötete, weil er ihn in seinem Wahn für einen Weinstock hielt.

Historische Aufzeichnungen belegen, dass Wildkohl schon vor mehr als 2500 Jahren an den Küsten Kleinasiens, also im östlichen Mittelmeerraum, beheimatet war. Heute wächst die Wildform noch immer an den Küsten des Mittelmeers und der Nordsee, vor allem auf Helgoland – einst die heilige Insel der Wikinger. Der Helgoländer Kohl wächst dort an den Felshängen der Insel und an Standorten, die den Schafen nicht zugänglich sind. Auch der schnell wachsende Bremer Scheerkohl (Brassica rapa), der mit dem Raps verwandt ist, ist eine alte regionale Sorte. Schon nach sechs Wochen können die ersten Blätter geschnitten werden. Kulinarisch veredeln kann man den Kohl zum Beispiel in einer Fischterrine mit Rote-Bete-Meerrettich-Soße. Aber auch im Salat, im Eintopf und in der Suppe machen sich die Wildkohlblätter ausgezeichnet. Am besten sind die jungen, noch zarten Blätter. Auch nicht entgehen lassen sollte man sich den Sibirischen Kohl (Brassica napus var. pabularia), der ähnlich wie Grünkohl angebaut wird, aber auch schon im Sommer als knackiges Gemüse seine Verwendung in anspruchsvollen Küchen findet. Kurz blanchiert als Gemüse ist er eine würzige, leicht süßliche Köstlichkeit! Zum Glück setzen vermehrt Biobauern wieder auf den wilden Kohl und bieten ihn gelegentlich an. Mit einem Sinnbild für Armut hat Kohl, insbesondere Wildkohl, nichts, aber auch gar nichts mehr gemein.

Wildkohl mit Specksoße

Zutaten
1 kg Wildkohl
1 Zwiebel
5 EL Olivenöl
500 ml Gemüsebrühe
Salz, Pfeffer, Currypulver
200 g durchwachsener Speck
50 g Mehl

Zubereitung
Wildkohlblätter waschen, von starken Rippen befreien und in schmale Streifen schneiden.

Kohl in einem Topf mit Olivenöl mit der gepellten und klein geschnittenen Zwiebel andünsten, mit 100 ml Gemüsebrühe ablöschen und im geschlossenen Topf 15 bis 20 Minuten bei mittlerer Hitze garen. Mit Salz, Pfeffer und Currypulver abschmecken.

Für die Soße den klein geschnittenen Speck in einem Topf auslassen, knusprig braten und herausnehmen.

Mehl unter Rühren in das Speckfett geben und anschwitzen, bis es hellgelb ist. Dann nach und nach die restlichen 400 ml Gemüsebrühe zugeben, gut durchschlagen und 10 Minuten einkochen (reduzieren).

Die Soße über den Kohl geben und mit dem knusprigen Speck garnieren.

Tipp
Dazu gehören Salzkartoffeln. Wer es noch deftiger mag, kocht im Kohl gut gewürzte Kochwürste mit.

Kartoffeln

Bamberger Hörnchen • Blauer Schwede • Pink Fir Apple • Bamberger Hörnchen • Blauer Schwede • Mandelkartoffel • Bamberger Hörnchen • Blauer Schwede • Mandelkartoffel • Pink Fir Apple • Bamberger Hörnchen • Blauer Schwede • Mandelkartoffel • Pink Fir Apple • Bamberger Hörnchen • Blauer Schwede • Mandelkartoffel

Bamberger Hörnchen

Hörnchen für Feingaumen

In den Andenstaaten Südamerikas wurde die Kartoffel (Solanum tuberosum) schon vor rund 2000 Jahren kultiviert. Im 16. Jahrhundert brachte Kolumbus sie mit nach Europa und das »Gold der Inkas« gelangte auch nach Deutschland. Doch es brauchte noch 200 Jahre, bis der Erdapfel, die Kartoffel, auch hier heimisch und populär wurde. Erst während der großen Hungersnot im 18. Jahrhundert überwand die Bevölkerung ihre Skepsis gegenüber der bis dahin für giftig gehaltenen Pflanze. Im Siebenjährigen Krieg (1756 – 1763) wurde die Kartoffel dann endgültig zu einem Grundnahrungsmittel. Der »Kartoffelbefehl« des Alten Fritz von 1756/57 machte es möglich. Heute zählt die Speisekartoffel zu den beliebtesten Nahrungsmitteln.

Neben den bekannten Standardsorten bauen einige Landwirte auch wieder alte Liebhabersorten an, wie zum Beispiel das »Bamberger Hörnla«, auch Bamberger Hörnchen genannt.

Dieses Hörnchen findet sich in keiner Bäckerei, es kommt seit dem 19. Jahrhundert vom fränkischen Acker und ist bei Feingaumen äußerst beliebt. Erfreut es doch durch einen geschmeidigen, erdhaften, leicht nussigen Geschmack. Kartoffelliebhaber beeindruckt seine Geschmacksfülle ebenso wie seine sanfte Festigkeit beim Kauen.

Sein Äußeres ist eine Augenweide. Die Pflanze ist kleinwüchsig, mit dünnem zartem Kraut und schneeweißen Blüten. Ihre Knollen sind klein, fingerförmig, oft mit charmanten Ausbuchtungen. Sein hauchdünnes, hellockerfarbenes Kleid hat einen leicht rötlichen Schimmer. Das Fleisch ist sattgelb und fest.

Das Hörnchen kommt besonders gut als ungepellte Pellkartoffel zur Geltung, nur mit etwas Butter beträufelt, oder im Festtagskartoffelsalat mit einer feinen Vinaigrette. Aber auch als Edelbeilage zu feinem Fisch oder zu einem Sonntagsbraten eignet es sich hervorragend.

Nach Meinung seiner Fans verhält sich das Bamberger Hörnchen zu anderen Kartoffelsorten wie eine große Auslese zum einfachen Landwein. Wie beim guten Wein liegt das Geheimnis in der Bodenqualität und im geringen Ertrag – es lässt sich nicht maschinell ernten. Leider ließen der aufwendige Anbau und der geringe Ertrag die Sorte fast aussterben. Doch mittlerweile erfreut sie sich wieder größerer Aufmerksamkeit und wurde sogar zur Kartoffel des Jahres gekürt. Zum Glück fühlt sich die »Miss Franken« auch in anderen Regionen Deutschlands wohl und wird besonders von Biobauern verstärkt angebaut. Der Nachteil: Bamberger Hörnchen gibt es nur im Herbst und Winter und sie sind aufgrund der begrenzten Ernteerträge meist schnell vergriffen. Doch wer das Besondere sucht, kommt am genussvollen Hörnchen nicht mehr vorbei.

Bamberger Hörnchen trifft Gemüse

Zutaten
Für die Kartoffeln:
24 Bamberger Hörnchen
24 Speckscheiben, dünn geschnitten
Rosmarin und Thymian

Zubereitung
Kartoffeln in Salzwasser kochen, pellen und die Hälfte davon mit Speck und Rosmarin, die andere mit Speck und Thymian einwickeln. Auf einem gebutterten Blech für 12 bis 15 Minuten bei 200 Grad backen.

Für das Gemüse:
2 große Karotten
2 große Pastinaken
250 g Kürbis (Hokaido)
1 große Stange Staudensellerie
1 Romanesco
50 g Butter
1 EL geschnittene Blattpetersilie
Salz und Zucker

Zubereitung
Die Karotten und Pastinaken schälen und mit dem Messer in Form schneiden (tournieren). Den Kürbis in Form schneiden. Staudensellerie putzen und länglich in vier gleiche Teile schneiden. Romanesco in Röschen zerteilen. Das Gemüse nach und nach in Salzwasser blanchieren und in Eiswasser abschrecken. Das blanchierte Gemüse in der Butter schwenken, mit Salz, Zucker und Petersilie abschmecken.

Für die Soße:
200 g Gemüseabschnitte (Tournierreste)
1 EL Tomatenmark
50 g Butter
500 ml Gemüsebrühe
30 g Mandelgrieß
200 ml Sahne
Salz und Pfeffer

Zubereitung

Das Gemüse in der Butter anschwitzen, das Tomatenmark zugeben und anrösten, Mandelgrieß zugeben und mit der Brühe auffüllen. Bei kleiner Flamme weiterkochen, die Sahne dazu-geben und aufmixen, durch ein Sieb streichen und mit Salz und Pfeffer abschmecken.

Anrichten:

Das Gemüse dekorativ auf dem Teller anordnen, die Karotten dazwischensetzen, mit der Soße umgeben und mit einem Sellerieblatt garnieren.

Tipp:

Vegetarier verzichten einfach auf den Speck. Entweder kommt das Kartoffel-Gemüse-Gericht solo auf den Tisch oder als Beilage zu einem festlichen Sonntagsbraten.

Blauer Schwede

Tolle Knollen für Auge und Gaumen

Die Kartoffel (Solanum tuberosum) ist, obwohl sie zu 77 Prozent aus Wasser besteht, ein sehr nahrhaftes Lebensmittel: Sie enthält 19 Prozent Kohlenhydrate und ist reich an B-Vitaminen. Auch beim Vitamin C decken 200 Gramm Kartoffeln den halben Tagesbedarf. Zudem zählt die Kartoffel zu den kaliumreichsten Nahrungsmitteln und enthält wichtige Spurenelemente wie Magnesium, Natrium, Kupfer, Mangan, Fluor, Eisen und Jod.

Obwohl es unzählige Sorten gibt, werden nur wenige im großen Stil angebaut – Alltagskartoffeln. Nach Spezialitäten, schmackhaften (häufig alten) Sorten, muss man länger suchen. Doch die Mühe lohnt sich. Wie beim Blauen Schweden, der 2006 zur »Kartoffel des Jahres« gewählt wurde. Diese sehr alte Kartoffelsorte mit blauer Schale und blau-weiß marmoriertem Fleisch hat einen wunderbar cremigen Geschmack. Die rundlich ovale Knolle wird auch Blue Congo genannt und stammt ursprünglich aus Südamerika. Über Großbritannien kam sie nach Skandinavien (dort wird sie seit etwa 1880 angebaut) und von dort nach Deutschland. Für die bläuliche Färbung ist das wasserlösliche Anthozyan verantwortlich. Dieser Pflanzenstoff hat selbst keinen Eigengeschmack. Er färbt nicht nur gut, sondern soll auch eine hohe antioxidative (krebsvorbeugende) Wirkung haben.

Im Aussehen und Geschmack fast nicht zu unterscheiden vom Blauen Schweden ist Hermanns Blaue. Die Knolle ist noch fester und hat einen leicht fruchtigen Geschmack. Über

die Geschichte dieser alten Regionalsorte weiß man kaum etwas. Die Schale ist glatter, was darauf hinweist, dass es sich um eine jüngere Sorte (weniger als 100 Jahre alt) handeln muss.

Beide Sorten bringen ihren delikaten Geschmack als Pellkartoffel, Gratin und Kartoffelsalat gut zur Geltung. Probieren Sie doch mal einen Kartoffelsalat aus den blauen Knollen mit Zwiebeln, Tomaten, Gurken, Kresse und Sauerampfer. Mit lauwarmer Gemüsebrühe übergießen, mit Olivenöl, Balsamico, Salz und Pfeffer abschmecken und einige Stunden ziehen lassen. Der Kartoffelsalat ist, wie auch ein Kartoffelpüree vom Blauen Schweden oder von Hermanns Blauer, geschmacklich kaum zu überbieten – ob er nun solo oder zu Fisch und Fleisch gegessen wird. Und der farbliche Kontrast erfreut das Auge gleich mit.

Blaues Kartoffelpüree

Zutaten
1 kg blaue Kartoffeln
3 EL Olivenöl, fruchtig, 75 g Butter
Muskat, frisch gerieben
Salz, Pfeffer

Zubereitung
Die geschälten Kartoffeln in Wasser weich, aber nicht matschig kochen, gut abtropfen.

Die Kartoffeln zerstampfen. Olivenöl, Butter und Gewürze untermischen, gut durchrühren und sofort servieren.

Tipp
Pürees immer mit einem Kartoffelstampfer zerdrücken oder durch eine Kartoffelpresse drücken. Keine Küchenmaschine oder Mixer verwenden, da sonst das Püree klebrig wird. Besonders fein schmeckt ein Püree aus Kartoffeln, Möhren und Sellerie. Einfach zusammen in gleich große Stücke geschnitten kochen und wie oben beschrieben weiter zubereiten.

Mandelkartoffel *Mandelkartoffel*

Finnische Persönlichkeit

Die »sinnlich-sittliche« Wirkung von Gelb, so empfand Goethe in seiner Farbenlehre, sei heiter und munter, warm und behaglich. Entsprechend ließ er seinen Speisesaal in der Farbe tünchen, sollte doch das Mahl der Stärkung wie der Erholung dienen. Auch manchem Gemüse haftet diese appetitliche Farbe an – so auch der Kartoffel. Unter den 200 Kartoffelsorten, die heute in Deutschland zugelassen sind und deren faszinierende Geschmacksnuancen von cremig, buttrig, über würzig bis erdig variieren, gewinnen neben den Standardsorten neuerdings auch wieder alte und bunte Sorten an Bedeutung. Zu ihnen gehört die kleine gelbe, festkochende Mandelkartoffel, auch liebevoll Puikula genannt. Diese delikate Sorte stammt aus Finnland und zählt mit ihren 70 Jahren (1940 erstmalig angebaut) zu den »ältesten Damen« unter ihresgleichen. Woher

die kleine, aber feine Kartoffel mit ihrem dunkelgelben Fleisch kam, weiß man nicht. Ihr Name leitet sich nicht, wie man vermuten könnte, von einem mandelartigen Geschmack, sondern von ihrem Aussehen ab: Die Knolle ist länglich oval und geformt wie eine Mandel. Ihre Fans nennen die kleine Knolle auch liebevoll »Handschmeichler«. Geerntet wird sie ab September, aufwendig in reiner Handarbeit. Die Ernteerträge sind gemessen mit »modernen« Kartoffeln eher gering. Dafür entschädigt die Mandelkartoffel mit einem sehr cremigen, buttrigen Geschmack. In Skandinavien wird sie deshalb besonders gern in der Spitzengastronomie eingesetzt. Eben eine Kartoffel für Feinschmecker.

Kartoffelfans gewähren ihr die kulinarische Ehre, in Form einer mit Hingabe zubereiteten Suppe das Menü einzuleiten. Ein großer Auftritt gelingt ihr aber ebenso als Salz-, Pell- oder Röstkartoffel – der buttrig-cremige Geschmack verleiht ihr eine ganz besondere Note. Im Kochbuch des Itzehoer Stadtkochs Markus Lofft von 1778 stößt man auf ein Rezept für Kartoffelbrei, das der Mandelkartoffel wie auf den Leib geschrieben ist: »Erdäpfel kochen, ergänzen mit Rahm, Butter, Gewürzen, Rindfleischbrühe.« Schon damals hatte man die Zutaten entdeckt, die den Charakter der Mandelkartoffel aufs Beste unterstreichen. Die Gourmets sind sich jedenfalls einig: Die Puikula ist auf jede Art zubereitet eine Kartoffel mit Persönlichkeit.

Mandelkartoffeln

Zutaten
800 g Mandelkartoffeln
Butterschmalz
40 g gehackte Mandeln
6 Stiele Thymian
Meersalz

Zubereitung
Kartoffeln waschen und in Salzwasser bissfest kochen.

Kartoffeln abgießen, mit kaltem Wasser abschrecken, abtropfen lassen und pellen.

Butterschmalz in einer Pfanne erhitzen und die Kartoffeln im Ganzen bei mittlerer Hitze goldbraun braten. Salzen, gezupfte Thymianblättchen und die gehackten Mandeln 3 Minuten mitbraten.

Tipp
Die kleine Feinschmeckerkartoffel passt zu jedem guten Stück Fleisch oder zu einem edlen Fisch.

Bekommt man sie früh geerntet, reicht es, die Kartoffel mit einer Wurzelbürste zu waschen, die Schale isst man einfach mit.

Pink Fir Apple

Buttrig nussiger Tannenzapfen

»Jetzt schlägt deine schlimmste Stunde, du Ungleichrunde, du Ausgekochte, du Zeitgeschälte, du Vielgequälte, du Gipfel meines Entzückens, jetzt kommt der Moment des Zerdrückens ...« So beginnt ein Gedicht von Ringelnatz über die beliebteste Knolle Deutschlands – die Kartoffel. Doch bis dahin war es ein weiter Weg. Als das Nachtschattengewächs im 16. Jahrhundert nach Europa kam, wurden die weißen, rosafarbenen oder violetten Blüten der Pflanze gern von Adeligen am Revers getragen, die damit wohl zeigen wollten, wie weltmännisch sie waren – und doch so ahnungslos. Der Versuch, die tomatenartigen grünen Beeren der Pflanze zu essen, rief schlimme Vergiftungserscheinungen hervor. Das giftige Solanin war dafür verantwortlich, dass die Pflanze lange Zeit als ungenießbar galt und die essbaren Knollen unentdeckt ein Schattendasein im Untergrund fristeten. Erst Friedrich der Große verhalf der »Tartuffel« (der Erdapfel wurde zunächst aufgrund seines knollenartigen Aussehens für eine Art Trüffel gehalten!) 1756 in Preußen per königlichem Dekret zum Durchbruch und fand in ihr das geeignete Mittel, um die herrschende Hungersnot zu bekämpfen. Ihre »goldene Zeit« hatte die Kartoffel in den 1950er Jahren, rund 150 Kilo verbrauchte jeder Bundesbürger damals durchschnittlich im Jahr – heute liegt der Pro-Kopf-Verbrauch bei noch immer stattlichen 63 Kilo.

Neben den üblichen Standardsorten erfreuen sich historische und bunte Edelsorten

zunehmender Beliebtheit. So wie die Pink Fir Apple, eine der ältesten Sorten, die in England schon um 1850 erwähnt wurde und heute wieder verstärkt auch in Deutschland angebaut wird. In Belgien ist die längliche Fingerkartoffel mit hübschen Auswüchsen, rosa Schale und gelblichem Fleisch auch bekannt als »Corne du Gatte« (Ziegenhörnchen), in sehr vielen Regionen Deutschlands als »Rosa Tannenzapfen" und in Schleswig-Holstein auch als »Angeliter Tannenzapfen«.

Dank ihres würzigen, buttrig nussigen Geschmacks wird die Zapfenkartoffel nicht nur in Feinschmeckerkreisen hoch geschätzt – ihr hoher Anteil an leicht verdaulicher Stärke

(16 % Kohlenhydrate) und der geringe Fettgehalt (0,1 %) sind optimal für Sportler. Auch der Gehalt an Vitamin C und B, Betacarotin und Niacin trägt zur gesunden Wirkung bei. Um die Nährstoffe – und den Geschmack – nicht zu verlieren, empfiehlt es sich, die Erdäpfel ungeschält zu garen – die Pink Fir Apple eignet sich hervorragend als Pell- oder Salatkartoffel. Nach dem Kochen noch kurz in Butter oder Öl schwenken, mit Meersalz bestreuen – fertig ist ein ebenso einfaches wie köstliches Mahl. Man kann die Pink Fir Apple mit Fisch, Fleisch und Gemüse reichen, muss man aber nicht. Denn der edle Erdapfel stiehlt ohnehin allen anderen die Show.

Kartoffel-Kräuter-Salat

Zutaten
1 kg Pink Fir Apple
1 TL Kümmel, 1 Bund Brunnenkresse
einige junge Blätter Römischer Ampfer
oder Sauerampfer
½ Bund Schnittlauch
8 Cocktailtomaten, 2 Schalotten
125 ml Gemüsebrühe
1 TL Senf, 2 EL Balsamico
6 EL Traubenkernöl, Salz, Pfeffer

Zubereitung
Die Kartoffeln mit der Wurzelbürste waschen, in 1 Zentimeter dicke Scheiben schneiden (die Schale bleibt dran) und mit Kümmel in Salzwasser in etwa 8 Minuten gar kochen.

Die Kräuter waschen, trocken schleudern und fein hacken, die Schalotten pellen und fein hacken. Die Brühe im Topf erwärmen.

In einer Schüssel zuerst die Schalotten mit der warmen Gemüsebrühe übergießen, wenig salzen, mehr pfeffern. Abschmecken und Senf, Balsamico und Öl unterrühren.

Kartoffelscheiben, geteilte Cocktailtomaten und Kräuter unterheben, noch einmal abschmecken und vor dem Servieren 1 Stunde bei Zimmertemperatur durchziehen lassen.

Tipp
Serviere ich gern zu gebratenem Zander oder gegrilltem Barsch. Die Tannenzapfenkartoffeln munden auch, wenn man sie in Scheiben in Hühnerbrühe kocht, gut abtrocknet und mit einem Pesto dünn bestreicht.

Kürbis

Butternutkürbis • Muskatkürbis • Spaghettikürbis • Butternutkürbis • Muskatkürbis • S
bis • Spaghettikürbis • Butternutkürbis • Muskatkürbis • Spaghettikürbis •
utternutkürbis • Muskatkürbis • Spaghettikürbis • Butternutkürbis • Muskatkürbis

Butternutkürbis

Butternutkürbis

Er enttäuscht nie

Lange Zeit galt Kürbis als »Armeleutegemüse«, unwürdig, einen Platz auf dem Speiseplan der feinen Leute einzunehmen. Mittlerweile ist das uralte Gemüse in der Gourmetküche angekommen und hat – nicht nur zu Halloween – einen wahren Boom erlebt. Schon seit einigen Jahren hat sich herumgesprochen, dass man Kürbis nicht nur als herbstliche Dekoration verwenden, sondern auch essen kann. Kürbis ist kalorienarm und dabei reich an Nährstoffen, auch geschmacklich ist der amerikanische Einwanderer nicht zu verachten.

Es gibt so viele Arten von Kürbissen (über 800!), dass man sie in einem Menschenleben nicht alle probieren kann. Schade eigentlich, denn Kürbis ist nicht gleich Kürbis. Jede der unzähligen Arten und Varianten hat ein ganz eigenes Aroma.

Neben dem bei uns so beliebten Hokkaido wird im ganzen Land zunehmend der Butternut-Kürbis angebaut und wegen seines feinen Aromas geschätzt. Der »Butternuss«-Kürbis, aus der Familie der Moschuskürbisse (Cucurbita moschata), ist birnenförmig und hat aufgrund der im Vergleich zu anderen Kürbissen kleinen Fruchthöhle einen hohen Fruchtanteil. Er hält, was sein Name verspricht: Sein buttrig-cremiges Fruchtfleisch zeichnet sich durch einen wunderbar nussig aromatischen Geschmack aus. Er wiegt zwischen 200 Gramm und 1,5 Kilo. Am besten schmeckt er, wenn er eine Länge von 20 bis 30 Zentimeter erreicht hat. Das durch den hohen Ka-

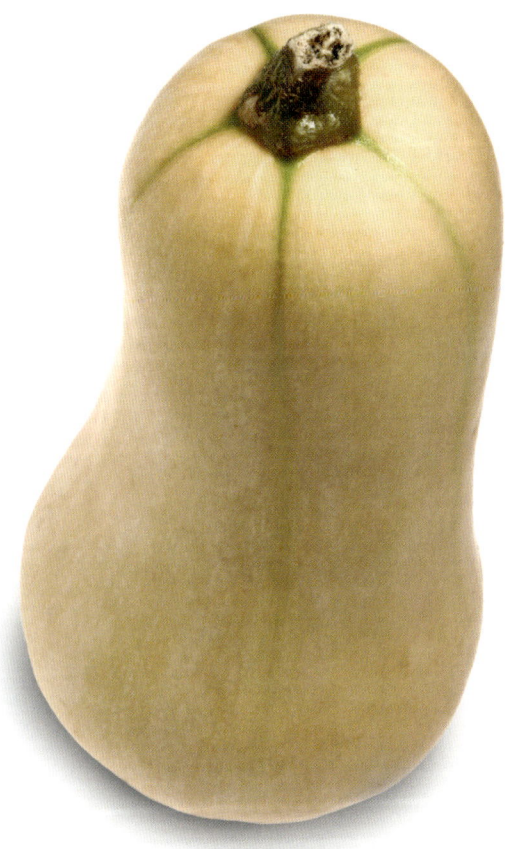

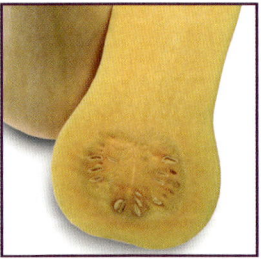

rotingehalt dunkelgelb gefärbte Fruchtfleisch verströmt einen angenehmen Duft. Die Schale ist weich und kann in einer Suppe (die püriert wird) mitgekocht werden.

Was kann man mit dem birnenförmigen Winterkürbis nicht alles machen! Man kann ihn gratinieren, in Teigtaschen füllen, zu Suppe, Risotto und zu Salaten verarbeiten oder seine Kerne knabbern – Inder schätzen Kürbiskerne als hochwertiges Aphrodisiakum, das eine bedeutende Rolle in tantrischen Liebesritualen spielt. Auch Kürbiskernöl ist etwas sehr Feines. Ebenso wie ein Kürbis-Orangen-Chutney als leckere Beilage zu Fleischgerichten (besonders Wild). Mancher schwärmt von Kürbis-Apfel-Marmelade zum Frühstück. Karamellisiert passt Kürbis sogar zu Desserts. Die Verwendungsmöglichkeiten des Butternut-Kürbisses in der Küche sind vielfältig. Das Wunderbare dabei: Das Ergebnis ist nie eine Enttäuschung.

Kürbisrisotto

Zutaten
500 g Kürbisfleisch
300 g Risottoreis
2 Schalotten
2 Knoblauchzehen
250 ml Weißwein
½ l Hühnerbrühe (oder Gemüsebrühe)
80 g Butter, Salz, Pfeffer
50 g Parmesan, frisch gerieben

Zubereitung
Den Kürbis schälen, halbieren, die Kerne entfernen und das Fruchtfleisch in etwa 1 x 1 Zentimeter große Würfel schneiden. Schalotten und Knoblauch schälen und fein schneiden.

In einem großen Topf etwas Butter schmelzen und die Schalotten und den Knoblauch glasig dünsten. Den Reis hinzufügen, auch glasig werden lassen und alles gut durchrühren.

Den Weißwein zugeben und unter ständigem Rühren bei mittlerer Hitze so lange köcheln, bis die Flüssigkeit verdampft ist.

Jetzt die Kürbisstücke hinzufügen, salzen, pfeffern und etwas von der Hühnerbrühe aufgießen. Immer wieder rühren und warten, bis die Flüssigkeit verdampft ist, dann wieder nachgießen usw.

Man braucht circa 15 bis 20 Minuten, bis das Risotto die gewünschte Konsistenz erreicht hat: cremig, mit noch leicht kernigen Reiskörnern.

Wenn es so weit ist, den Topf vom Herd nehmen. Die restliche Butter und den Parmesan hineingeben, kräftig durchrühren und abschmecken.

Tipp
Das Risotto mundet solo, als Beilage zu einem Steak oder zu Wild und Geflügel. Mit Safran bekommt es noch eine besondere Note (zusammen mit dem Kürbisfleisch ins Risotto geben).

Kühl und trocken kann der Kürbis bis zu einem Jahr gelagert werden. Dabei wird die Farbe der Schale immer intensiver. Allerdings verliert er mit der Zeit Flüssigkeit, wodurch das Fruchtfleisch trockener und fasriger wird.

Muskatkürbis *Muskatkürbis*

Betörender Duft, feines Aroma

Auf der ganzen Welt sind die bunten Gemüse-riesen beliebt und begehrt. Schon vor 10 000 Jahren soll es in Süd- und Mittelamerika Wild-formen des Kürbisses gegeben haben. Auch in altägyptischen Wandmalereien wurden bereits zahlreiche Kürbisarten dargestellt. Die Grie-chen schätzten Kürbisse als Nahrungs- und Arzneimittel. Mönche waren die Ersten, die die Flaschenkürbisse des Mittelmeerraums über die Alpen brachten. Aber erst durch Kolumbus kamen die heute bekannten und beliebten Gartenkürbisse nach Europa.

Schon wenige Jahrzehnte später begann eine muntere Kürbiszucht.

Die Vielfalt der bei uns angebauten Sorten nimmt von Jahr zu Jahr zu. Die Kürbisse wer-den in fünf botanische Arten unterteilt. Von praktischem Interesse ist die Unterscheidung zwischen Sommer- und Winterkürbis. Zucchini zum Beispiel ist ein Sommerkürbis: Er wächst schnell, wird unreif geerntet, hat einen weichen Kern und eine dünne Schale, und die Haltbar-keit ist begrenzt. Winterkürbis, als Speisekür-bis bekannt, wird erst im ausgereiften Stadium geerntet, hat eine harte Schale, meist ein gelb-orangefarbenes, weiches, fasriges Fruchtfleisch und eine lange Haltbarkeit.

Ein besonders feines Aroma hat der Mus-kat- oder Moschuskürbis, der schon 3000 Jahre v. Chr. in Peru angebaut wurde und noch heute

der am meisten verbreitete Kürbis der Tropen auf beiden Hemisphären ist. Er ist unempfindlich gegen hohe Temperaturen. Wenn Sie ihm das erste Mal begegnen, machen Sie sich auf eine Überraschung gefasst: Sobald Sie den Muskatkürbis aufschneiden, perlt Ihnen das Fruchtfleisch entgegen, so schön saftig ist der Kürbis. Dann verbreitet sich augenblicklich ein angenehmer Duft. Vor Ihnen liegt der ungekrönte König der Kürbisse. Keiner leuchtet so wunderbar hellorange, keiner hat ein so festes Fruchtfleisch. Der Muskatkürbis lässt sich al dente zubereiten, und es besteht keine Gefahr, dass er

verkocht – wie bei anderen Kürbissen. Verkochter Kürbis erleidet bekanntlich den Aromatod. Der Geschmack des Muskatkürbisses ist einzigartig – und niemals wird er mehlig oder holzig. Mit schwarzen Trüffeln kombiniert: ein Traum! Aber auch als Kürbissuppe, im Risotto oder als schlichtes Gemüsegericht kommt sein besonderes Aroma zur vollen Entfaltung, weshalb Sterneköche ihn von allen Kürbissorten am liebsten verwenden. Und wenn man bedenkt, dass er nur relativ wenig kostet, sollte man schnell zugreifen. Ein Kürbis für Feinschmecker und alle, die es werden wollen.

Kürbiscremesuppe

Zutaten
750 g Kürbis
1 Stange Lauch
1 große Kartoffel
Olivenöl
5 Pfefferkörner
5 Korianderkörner
Salz, Pfeffer, Muskat,
1 TL Zucker
1 Glas Weißwein
1 l Gemüsebrühe
200 ml Sahne
½ Bund Petersilie
Kürbiskerne, Kürbiskernöl

Zubereitung
Kürbis schälen, entkernen und würfeln. Lauch in Ringe schneiden und waschen. Kartoffel schälen und vierteln. Alles zusammen in einem

großen Topf in Olivenöl anschwitzen. Zuckern, mit Wein und Brühe ablöschen und 20 Minuten köcheln lassen.

Dann mit dem Mixer pürieren, Sahne zufügen und mit Salz, geriebenem Muskat, den zerstoßenen Pfeffer- und Korianderkörnern abschmecken und noch etwas einkochen lassen.

In Teller füllen und mit gehackter Petersilie, gerösteten Kürbiskernen und einigen Tropfen Kürbiskernöl servieren.

Tipp
Kürbissuppen kann man in zahlreichen Varianten und Geschmacksrichtungen zubereiten. Zum Beispiel mit Möhren, Pastinaken oder Sellerie als Gemüsepartner. Auch Ingwer macht sich sehr gut in einer Kürbissuppe. Und wenn Sie noch einen Rest Suppe stehen haben, kochen Sie den Kürbis einfach in ihr.

Spaghettikürbis

Für die italienischen Momente

Lange eine Randerscheinung in unserer Küche, kommt der Gemüsekürbis immer mehr in Mode. Kein Wunder, haben Kürbisgewächse doch eine Tausende Jahre alte Tradition und Geschichte.

In seinem berühmten Werk »Diaeteticon« schrieb Johann Sigismund Elsholtz (1623 – 1688), Medicus und Botanicus am Hof des Kurfürsten von Brandenburg und früher Pionier der Lebensmittelkunde: »Die Natur spielet sehr in der Natur der Kürbisse, derer einige einem Stern / andere einer Melonen / oder Citronen / oder Pommeranzen / oder Limonen / oder Quitten / oder Birnen / oder einem Käse / und dergleichen Dinge mehr / ähnlich sehen.«
Eine Kürbisform hat der Gelehrte dabei zu Unrecht übersprungen – den Spaghettikürbis (Cucurbita pepo). Seinen Namen verdankt er nicht seiner Form, die an einen Rugbyball erinnert, sondern der Tatsache, dass das gekochte Fruchtfleisch sich zerfasert und die Form von

Spaghetti annimmt. Dabei stammt er nicht etwa aus Italien, wie man meinen könnte, sondern ist eine herrlich wohlschmeckende alte japanische Züchtung. Das hellgelbe Fruchtfleisch ist geschmacklich eine Offenbarung: Es schmeckt nussig und zitronig und hat dabei eine leichte und angenehme bittere Note. Ein Kürbis, wie geschaffen für die italienischen Momente in unserer Küche. Mit einer Länge von bis zu 30 Zentimetern gehört er zu den kleineren Kürbissen. Bis zu 3 Kilo kann er auf die Waage bringen.

Für eine Suppe ist er (fast) zu schade. Probieren Sie ihn doch einmal mit Speck und Tomaten oder gratiniert mit Rahm und Muskatnuss. Er schmeckt auch prima als leckere Beilage zu Fleischgerichten (gut für Glutenallergiker). Dabei wird er meist ganz gekocht. Wenn Sie nur einen halben Kürbis verwerten möchten, sollte er am besten lediglich gedämpft oder im Ofen zubereitet werden. Gar ist er, wenn sich die Schale mit dem Finger leicht eindrücken lässt. Auch der Gesundheit kommt der herbstliche Gaumenschmaus gelegen: Kürbissamen sind reich an fetten Ölen, Phytosterolen (wassertreibende, entzündungshemmende Wirkung), Vitamin E und den Spurenelementen Selen, Mangan, Kupfer und Zink. Ein bis zwei Esslöffel Kürbiskernöl wirken cholesterinsenkend. Und das Fruchtfleisch ist reich an Mineralstoffen, Vitaminen und Ballaststoffen. Dann kann die kühle und dunkle Jahreszeit ja kommen. Der Spaghettikürbis bringt Wärme, Farbe und viel Geschmack auf unsere Esstische. Kühl und trocken gelagert hält er sich übrigens bis in den frühen Frühling hinein.

Kürbisspaghetti

Zutaten
1 Spaghettikürbis (1,5 – 2 kg)
200 g Kochschinken
12 Cocktailtomaten
Olivenöl
Butter
Salz, Pfeffer
Parmesan, frisch gerieben
Basilikum

Zubereitung
Den Spaghettikürbis ungeschält im Ganzen in ungesalzenem Wasser eine halbe Stunde lang kochen, herausnehmen und auskühlen lassen.

Den ausgekühlten Kürbis der Länge nach aufschneiden, die Kerne entfernen und mit einem Löffel das Fruchtfleisch, das aus spaghettiartigen Fäden besteht, vorsichtig herausschälen.

Gewürfelten Kochschinken, halbierte Cocktailtomaten und das Kürbisfleisch in einer Pfanne mit Butter und Olivenöl kurz anbraten und mit Salz und Pfeffer abschmecken.

Auf Teller füllen, mit Parmesan bestreuen und mit gezupften Basilikumblättern dekorieren.

Tipp
Den Kürbis können Sie wie zahlreiche Ihnen bekannte Spaghettigerichte zubereiten. Zum Beispiel feurig wie Spaghetti all'Arrabbiata oder mit einer klassischen Tomatensoße.

Salat & Wildkräuter

Bärlauch • Borretsch • Bronzefenchel • Brunnenkresse • Gartenmelde • Giersch • Guter Heinrich • Hirschhorn • Löffelkraut • Pimpinelle • Portulak • Queller • Radicchio • Römischer Ampfer • Vogelmiere • Waldmeister • Wiesenbärenklau • Ysop • Zuckerhutsalat

Bärlauch *Bärlauch*

Powerspinat für Arme

Noch vor gar nicht so langer Zeit kannten nur Kräuterkundige dieses Wildgemüse. In den letzten Jahren avancierte der »Spinat für Arme« jedoch zu einer echten Modepflanze: Kaum ein Gäste- und Restaurantessen kommt im Frühjahr noch ohne aus. Die Rede ist von Bärlauch (Allium ursinum), dessen milder Knoblauchgeschmack etwas an Schnittlauch erinnert.

Wie die meisten Frühlingskräuter, die sich mühsam ihren Weg zu den ersten warmen Sonnenstrahlen bahnen, enthält Bärlauch viel Power: viele Vitamine, vor allem Vitamin C, Mineralstoffe und das ätherische Öl Allicin, dem eine anregende, entgiftende und blutreinigende Wirkung nachgesagt wird. Außerdem soll die Pflanze harntreibend wirken.

Das uralte Wildkraut, verwandt mit Schnittlauch, Zwiebel und Knoblauch, wächst in fast

ganz Europa und in Nordasien und hat im Volksmund viele Namen: wilder Knoblauch, Waldknoblauch, Hexenzwiebel, um nur einige zu nennen.

Woher die Pflanze ihren Namen hat, ist ungeklärt. Eine unwahrscheinliche, aber schöne Theorie ist, dass Bärlauch die erste Nahrung der Bären nach dem Winterschlaf war. Eine andere führt den Namen auf die Vorliebe der alten Germanen zurück, ihren Bärenschinken mit dem Kraut zu würzen.

Man findet das Liliengewächs mit seinen lanzettförmigen, sattgrünen Blättern, das bis 25 Zentimeter groß wird, bevorzugt an halbschattigen Plätzen in Wäldern und Parks, wo es in Kolonien auftritt, und in der Nähe von Quellen oder Bachufern, denn es liebt die Feuchtigkeit. Wenn der Bärlauch weiß blüht (im Mai), sollten keine Blätter mehr gepflückt werden.

Beim Sammeln ist Vorsicht geboten, denn es gibt Verwechslungsmöglichkeiten: Die Blätter des (giftigen) Maiglöckchens sehen denen des Bärlauchs ganz ähnlich. Die Bärlauchblätter haben jedoch eine glänzende Oberseite und eine matte Unterseite; bei denen des Maiglöckchens verhält es sich genau umgekehrt. An einem Merkmal kann man die beiden Pflanzen buchstäblich blind unterscheiden: am intensiven Knoblauchgeruch, den nur der Bärlauch verströmt.

Wenn Sie sich nicht auf die Suche begeben möchten: Pflanzen Sie Bärlauch doch einfach selbst an. Das geht sowohl im Garten (wo der Bärlauch allerdings zum Verwildern neigt) als auch im Balkonkasten. So ist täglich frischer Knoblauchduft garantiert.

Da Bärlauch schon Ende Mai nach dem Abblühen seinen Lebenszyklus beendet – er zieht sich in die Erde zurück –, verbleibt nur wenig Zeit, seine vielfältigen Einsatzmöglichkeiten in der Küche kennenzulernen: zum Beispiel gedünstet wie Spinat, als feine Cremesuppe, als Pesto zu Nudeln, als Kräuteromelett, als Dip, im Frühlingssalat, in der Kräuterbutter und zum Aromatisieren von Öl. Bärlauch lässt sich auch gut einfrieren, sodass man den wilden Knoblauch das ganze Jahr über zur Hand hat.

Bärlauchspaghetti mit geräuchertem Fisch

Zutaten
400 g Spaghetti
200 g Bärlauch
4 geräucherte Forellenfilets
6 EL Olivenöl
Salz, Pfeffer

Zubereitung
Spaghetti in reichlich Salzwasser al dente kochen.

In einer Pfanne mit Olivenöl die in Streifen geschnittenen Forellenfilets erwärmen und den gewaschenen und klein geschnittenen Bärlauch zugeben – nur kurz erhitzen.

Spaghetti zugeben, alles gut vermengen und mit Salz und Pfeffer abschmecken.

Tipp
Bärlauch kann man mit anderen jungen Wildkräutern wie Brennnesseln, Gartenmelde oder Giersch mischen. Blüten von der Kapuzinerkresse machen sich gut auf dem Pastateller.

Borretsch *Borretsch*

Gurkenkraut mit Meergeschmack

Schönheit hat manchmal viele Gesichter. Dass sie auch unterschiedliche Namen trägt, verrät uns eine Gewürz- und Heilpflanze aus der Familie der Raublattgewächse (Boriganiceae): Herzfreude, Wohlgemutsblume und Liebäugelein sind nur einige Synonyme für den Borretsch, der vielen auch unter dem Namen Gurkenkraut bekannt sein dürfte. Den auffallend hellblauen Blütensternen – sie sind essbar und auf Salaten ein Augenschmaus – verdankt das einjährige, circa 60 Zentimeter hohe Kraut (Borago officinales) auch seinen Namen Blauhimmelstern. Die Herkunft des Namens Borretsch ist nicht ganz geklärt: Er könnte vom lateinischen Wort borra, »Gewebe aus rauer Wolle«, stammen, das auf die behaarten Blätter und Stängel zurückzuführen sein könnte. Andere Stimmen meinen, der Name komme aus dem arabischen abu r-rach, was soviel wie »Vater des Schweißes« bedeutet und die anregende, entgiftende Wirkung in der

Volksmedizin beschreibt. Gelegentlich wird auch das keltische Wort borrach, »Mut«, zur Erklärung herangezogen. Sicher ist aber eins: Nach jahrhundertelangem regen Verzehr ist der Borretsch zu Unrecht zuerst in Verruf und dann in Vergessenheit geraten. Aufgrund seines Alkaloidgehalts ist er in hohen Dosen für Leberkranke nicht geeignet. Auch soll er in Kleinstmengen Stoffe enthalten, die krebserregend und erbgutverändernd sein sollen. Aber auch hier ist, wie bei so vielen genussvollen Dingen im Leben, alles eine Frage der Dosis – und wer isst schon täglich in großen Mengen Borretsch! Auf der anderen Seite enthält das Gurkenkraut auch viele gesunde Inhaltsstoffe: neben Kalium, Kalzium und Vitamin C sind besonders die Gamma-Linolensäuren zu nennen, die gerade in arbeitsreichen, anstrengenden Zeiten ein Segen sind, denn sie erhöhen unsere Stresstoleranz und steigern die Leistungsfähigkeit. Also ein Kraut wie geschaffen für unsere schnelllebigen »modernen« Zeiten.

Der Borretsch zählt übrigens zu den Archäophyten, also zu Pflanzenarten, die in der Zeit vor 1492 (als Christoph Kolumbus Amerika erreichte) durch menschlichen Einfluss in ein neues Gebiet eingeführt wurden und sich dort selbstständig, ohne eine gezielte Kultivierung durch den Menschen, fortgepflanzt haben. Der ursprünglich im Mittelmeerraum beheimatete Borretsch verbreitete sich seit dem späten Mittelalter in ganz Mittel- und Nordeuropa. Wer einmal eine Pflanze im Garten hat, braucht sich um den Nachwuchs nicht mehr zu kümmern, denn sie ist sehr vermehrungsfreudig. Im Biogarten eignet sich das Kraut auch hervorragend zur

Gründüngung – ganz einfach im Frühjahr säen und einige Pflanzen stehen lassen.

In der Küche werden nur die jungen Blätter verwendet, die nach Gurken riechen und leicht erfrischend schmecken – und entfernt an das Aroma von Austern erinnern.

Das Gurkenkraut passt ganz hervorragend in frische Salate, in Dips und Mayonnaisen, als Kräuterfüllung und zur Verstärkung von Farbe und Geschmack zu Mangold und Spinat. Die Frische und der »Meergeschmack« machen Borretsch einzigartig.

Gurken-Borretsch-Salat

Zutaten
1 große Biosalatgurke
2 Handvoll Borretschblüten
2 EL weißer Balsamico
4 EL kalt gepresstes Rapsöl
1 TL Honig
Salz, Pfeffer

Zubereitung
Gurke waschen und in kleine Würfel schneiden.

Mit Balsamico, Rapsöl, Honig, Salz und Pfeffer vermischen, anrichten und Borretschblüten darüberstreuen.

Tipp
Dazu passt ein frischer Dip aus Joghurt, Basilikum, Limonensaft und abgeriebener -schale, Salz und Pfeffer. Als Beilage gibt es ein knackiges Baguette.

Bronzefenchel

Dekorativ mit Anisgeschmack

Der Bronzefenchel findet immer mehr Liebhaber im deutschsprachigen Raum, besonders unter Gärtnern und Köchen.

Der Staudenfenchel (Foeniculum vulgare atropurpureum), aus der Familie der Doldenblütengewächse, wird bis zu zwei Meter hoch. Die Blätter sind im Austrieb bronzefarben und violett gefärbt, daher der Name. Die Doldenblüten sind pastellgelb. Gärtner schätzen das aus dem Mittelmeerraum eingewanderte Würzkraut, weil es außerordentlich dekorativ ist und mit seinem filigranen Blattwerk – ähnlich dem Dill – einen hübschen Hintergrund für blühende Stauden abgibt.

Es soll schon im antiken Marathon gewachsen sein und wurde im Mittelalter von Kloster zu Kloster immer weiter Richtung Norden verbreitet.

In der Küche ist Bronzefenchel ähnlich verwendbar wie Dill, das Laub für Fischgerichte, die Samen, die etwas kleiner sind als die des Gewürzfenchels, für Brot und Tee. Köche schätzen das süße Anisaroma der jungen Blätter. Es ist klar und fein, nicht so »metallisch« wie gelegentlich beim »normalen« Fenchel. Aber auch in Kräutergelee, Kräuterquark, in Gnocchi oder im Risotto ist das Kraut verwendbar. Überall, wo ein subtiler Anisgeschmack einem Gericht erst das gewisse Etwas gibt, lässt sich Bronzefenchel verwenden. Allerdings sollte man die filigranen Blätter erst kurz vor Kochende zu den Gerichten geben.

Auch die unreifen Samen haben einen delikaten Geschmack und passen zum Beispiel gut auf Tomaten oder in Blattsalate. Fenchelsamen, eigentlich Früchte, sind ein uraltes Gewürz, das bereits die Griechen vor drei Jahrtausenden kannten und schätzten. Durch Rösten wird der Geschmack noch intensiver, noch würziger und weniger süß.

Von der Heilwirkung der Pflanze können Gärtner und Köche gleichermaßen profitieren. Die ätherischen Öle des Fenchels wirken bekanntlich lindernd bei Blähungen und Magenkrämpfen – nicht nur bei Kleinkindern – sowie bei Erkältungen. Hierfür werden die getrockneten Samen zu Tee oder Sirup verarbeitet. So ist beim Bronzefenchel das Nützliche mit dem Schönen und Leckeren verbunden.

Bronzefenchel-Kartoffel-Dip

Zutaten
200 g Kartoffeln
100 ml Gemüsebrühe
100 ml fruchtiges Olivenöl
1 Bund Bronzefenchel
Sternanis, Safranfäden
Zitronensaft
Salz, Pfeffer

Zubereitung
Kartoffeln in Salzwasser gar kochen, pellen und zerdrücken.

Brühe mit Sternanis und Safran kurz aufkochen, vom Herd nehmen und 10 Minuten ziehen lassen.

Bronzefenchel fein hacken und zu den Kartoffeln geben. Brühe durch ein Sieb auf die Kartoffeln geben.

Zusammen mit dem Olivenöl, Zitronensaft, Salz und Pfeffer cremig rühren und abschmecken.

Tipp
Der Dip harmoniert gut mit einem in Panade gebratenen Fischfilet und mit Kalbfleisch. Als Begleiter bietet sich natürlich Fenchelgemüse oder ein Fenchelsalat an.

Brunnenkresse *Brunnenkresse*

So schmeckt der Frühling

Die Wildstaude stammt ursprünglich aus Skandinavien, Nordwest- und Mitteleuropa. Heute ist Brunnenkresse (Nasturtium officinale) auf der ganzen Welt verbreitet. Man kennt sie auch unter der Bezeichnung Bachkresse.

Der Name weist auf die Vorliebe der Pflanze für sauberes, langsam fließendes Wasser hin: Daher ist der bevorzugte Standort (der Wildform) an Quellen, Bächen, Flüssen und Wassergräben. Mit der Verschmutzung der Gewässer in den 1960er und 1970er Jahren ging ihre Verbreitung stark zurück. Denn Brunnenkresse ist ein zuverlässiger Indikator für sauberes Wasser, nur dort fühlt sich das Kraut wohl.

Zum Glück all ihrer Liebhaber: Durch Renaturierungsmaßnahmen und Kultivierung im letzten Jahrzehnt ist die Brunnenkresse, die schon von Hildegard von Bingen als Küchen- und Heilkraut geschätzt wurde, wieder mehr verbreitet.

Die ausdauernde Pflanze hat dunkelgrüne fleischige Blätter und doldenartige weiße Blüten mit gelben Staubbeuteln. Man erntet die 6 bis 8 Zentimeter langen Triebspitzen, solange sie noch nicht blühen (meist im Mai).

Auch in einem staunassen Rasen kann die Wasserkresse, wie sie auch genannt wird, sehr gut gedeihen. Selbst in Kulturen unter Glas und Folie fühlt sich die Wildstaude wohl, solange sie ausreichend »nasse Füße« bekommt. Man kann sie sogar in wasserdichten Schalen und Kästen selbst ziehen. Feuchte, lockere Erde und ein Platz im Halbschatten genügen.

Brunnenkresse enthält Senfölglykoside, Bitterstoffe, die Vitamine A, C und D sowie Eisen, Kalium, Jod und Schwefel. Die Schwefelverbindungen sind für das delikate pfeffrig rettichartige Aroma verantwortlich, das bei unter Glas gezogener Brunnenkresse sogar noch stärker ist. Wegen der genannten Inhaltsstoffe ist das Kraut nicht nur wohlschmeckend, sondern auch gesund. Es wirkt vorbeugend gegen Erkältungskrankheiten, ist zudem blutreinigend, stoffwechselanregend und harntreibend. Ideal also für eine Frühjahrskur. Tee aus getrockneten Blättern soll gegen Ekzeme und Akne helfen.

Die Brunnenkresse eignet sich ausgezeichnet für Salate, als Suppengewürz, im Quark als Brotaufstrich oder kann gedämpft wie Spinat gegessen werden.

Auch als Dip, zum Beispiel zu Kartoffelpuffer und Räucherlachs, kommt Brunnenkresse gut zur Geltung. Die Blätter in kleine Streifen schneiden und mit Crème fraîche, Limettensaft, Olivenöl verrühren, mit Salz und Pfeffer abschmecken. Brunnenkresse ist nicht nur gesund, sondern hat auch ein fantastisches Aroma – sie schmeckt nach Frühling.

Brunnenkresse-Portulak-Spinat

Zutaten
250 g Brunnenkresse
250 g Portulak
1 Schalotte
Schale einer Biozitrone
Sonnenblumenöl
Meersalz

Zubereitung

Gepellte und klein geschnittene Schalotte in einer Pfanne in Öl andünsten. Gewaschenen Portulak und Brunnenkresse zugeben und nur kurz mitdünsten. Mit der abgeriebenen Zitronenschale und ganz wenig Meersalz abschmecken.

Tipp
Den »Spinat« kann man mit allerlei Wildkräutern wie Franzosenkraut und Vogelmiere mischen und zubereiten. Auch ein wenig Pimpinelle darin macht sich gut. Den besonderen Kick bekommt das Wildkrautgemüse als Beilage zu Hummer oder anderen edlen Schalentieren.

Gartenmelde *Gartenmelde*

Wilder, feiner Spinat

Die Samen fanden sich schon in Lebensmittelresten aus der Bronzezeit. Auch die Römer bedienten sich ihrer als Gemüse. Vom Mittelalter bis Anfang des 19. Jahrhunderts war die Gartenmelde (Atriplex hortensis) als robuste »Spinatpflanze« von Nord- bis Südeuropa ein verbreitetes, alltägliches Gemüse.

Sie gehörte lange zu den »magischen« Gründonnerstagskräutern, die als österliche Krapfenspeise Gesundheit für das gesamte restliche Jahr garantieren sollte. In Russland wurde aus ihren Samen zusammen mit Roggen noch bis zum Beginn des 20. Jahrhunderts ein sogenanntes Hungerbrot hergestellt. In Indien verarbeitet man die Samen bis heute zu Mehl und Brotgetreide.

Ende des 19. Jahrhunderts wurde sie in Europa vom ertragreicheren Spinat fast vollständig verdrängt. Da der Spanische Salat, wie die Melde auch genannt wird, eine hübsche Zierpflanze ist, überlebte sie aber im Hausgarten. Heute verwendet man die grüne, violette und rote Gartenmelde wegen ihres guten, kräftigen, spinatähnlichen Geschmacks auch wieder mehr in der Küche.

Die Gartenmelde, man kennt sie auch als Gänsefuß und Gartenspinat, zählt zu den Gänsefußgewächsen. Das schnell wachsende Blattgemüse kann je nach Standort 30 bis 200 Zentimeter hoch werden. Mit ihren bunten Blättern ist die Pflanze sehr dekorativ. Sie ist aber auch sehr gesund, reich an Eisen, Kalzium, Vitamin C und Provitamin A. Blätter und Samen der Gartenmelde wirken harntreibend. Botanisch ist die Gartenmelde mit dem Spinat eng verwandt, sie enthält jedoch dreimal so viel Vitamin C wie Spinat. Wie alle Gänsefußgewächse enthalten Melden Saponine und Oxalsäure, die beim Kochen zu leicht löslichen Oxalaten umgewandelt werden. Menschen mit Nieren- oder Lebererkrankungen sollten Gartenmelden (und Spinat) deshalb nicht im Übermaß genießen. Hin und wieder mal eine Portion zu essen ist jedoch kein Problem.

Für die Zubereitung in der Küche können die Blätter von Mai bis Oktober gepflückt werden. Sie schmecken roh genauso gut wie gedämpft und gedünstet.

Beim Dünsten mit etwas Fett (Butter, Öl) geben die roten und violetten Blätter Farbstoff ab – das tut dem Geschmack aber keinen Abbruch.

Gartenmelden werten jeden Salat nicht nur optisch, sondern auch geschmacklich auf. Auch in Kräuteraufstrichen, im Omelett, in der Suppe, im Auflauf oder als Gemüsebeilage zu Fisch und Fleisch (zubereitet wie Spinat) sind Gartenmelden eine kulinarische Bereicherung.

Wildkräutersalat

Zutaten
200 g gemischte Wildkräuter (zum Beispiel Gartenmelde, Giersch, Taubnessel)
12 Kirschtomaten
Thymianblättchen
Salz, Pfeffer
2 EL weißer Balsamico
5 EL Olivenöl

Zubereitung
Halbierte Kirschtomaten, Salat und Thymianblättchen in eine Schüssel geben und mischen.

Aus Balsamico, Olivenöl, Salz und Pfeffer eine Vinaigrette anrühren, über den Salat geben und vorsichtig unterheben.

Tipp
Schmeckt wunderbar zu in Thymian und Olivenöl eingelegtem Ziegenfrischkäse und in der Pfanne in Olivenöl gerösteten Baguettescheiben.

Giersch *Giersch*

Zipperleinskraut

Man trifft ihn in ganz Europa in Auwäldern, Schlucht- und Laubwäldern und in Gebüschen bis auf 1300 Meter Höhe – doch vor allem Gärtner ärgern sich oft über das schwer bekämpfbare und wuchernde Unkraut mit den starken Wurzelausläufern: Die Rede ist von Giersch, einem Doldengewächs, auch Geißfuß genannt. Sein botanischer Name Aegopodium ist aus dem Griechischen aigos, »Ziege«, und podion, »Fuß«, abgeleitet und weist auf die oft zwiespaltigen, ziegenfußähnlichen Blätter hin. Trotz seines Wildwuchses in unseren Gärten sollte man das Kraut mit dem Gattungsnamen Podagraria nicht verteufeln, sondern es vielmehr positiv als köstliches Wildgemüse und Gesundbrunnen betrachten und genießen. Nicht umsonst wird Giersch im Volksmund auch Zipperleinskraut oder Podagrakraut genannt, denn er ist ein traditionelles Heilmittel gegen Rheuma und Gicht. Die Homöopathie schätzt seine harntreibende, krampflösende,

entzündungshemmende und entsäuernde Wirkung. Auch für Umschläge bei Verbrennungen und Insektenstichen ist er bestens geeignet. Er ist reich an Kalium, Magnesium, Kalzium, Mangan, Zink und Kupfer und enthält ein Mehrfaches an Vitamin A und C von beispielsweise Kopfsalat. Sogar die Neandertaler kannten ihn bereits, wie Grabfunde beweisen. Bei den Römern war er die Nahrung der Soldaten, weshalb Giersch auch »Soldatenpetersilie« genannt wurde. Im Mittelalter war das Kraut als Gemüse- und Heilpflanze in jedem Bauern- und Klostergarten zu finden. Vor allem in der Gründonnerstagssuppe (in Erinnerung an Christi Abendmahl vor seiner Kreuzigung) durfte er nicht fehlen. In Notzeiten sicherte das weitverbreitete Kraut vielen Menschen die Vitaminzufuhr. Doch Giersch ist nicht nur gesund, er verfügt auch über hervorragende kulinarische Qualitäten. In Geruch und Geschmack erinnert er an eine Mischung aus Möhren und Petersilie. Als Salat eignen sich besonders die ganz jungen, kaum entfalteten Blätter (Schösslinge). Roh sind sie auch im Frischkäse und in Suppen ein Genuss. Ältere Blätter sollten lieber verkocht werden, etwa in Aufläufen. Oder wie wäre es mit kross gebackenen Kartoffelbratlingen mit gemischten Wildkräutern? Die Stiele sollten Sie entfernen, sie schmecken sehr bitter. Im Juni entwickeln sich die weißlich blühenden Dolden, die an aufgespannte Regenschirme erinnern. Die Blüten können roh als essbare Dekoration oder auch als »Sonnentee« verwendet werden. Von Juli bis September sind die Früchte ein gutes Gewürz.

Ein positiver Blick auf unser »Unkraut« geworfen, lässt so manches Pflänzchen in ganz neuem Licht erstrahlen. Doch Achtung: Wer nicht ganz so pflanzenkundig ist, sollte sich beim Griff in den heimischen Garten zunächst beraten lassen, denn beim Giersch besteht Verwechslungsgefahr mit dem giftigen Schierling!

Giersch-Wildkräuter-Quiche

Zutaten
1 Bioblätterteig
200 g gemischte Wildkräuter
(Giersch, Gartenmelde, Vogelmiere)
4 Eier
200 ml Sahne
70 g geriebener Käse
30 g Speckwürfel
Salz, Pfeffer

Zubereitung
Wildkräuter waschen, im Dampf zusammenfallen lassen, grob hacken.

Für den Belag Eier und Käse verquirlen, Käse und Speck unterrühren.

Ausgerollten runden Blätterteig in eine Form legen, mit einer Gabel einige Male einstechen. Kräuter auf dem Teigboden verteilen und den Belag darübergießen.

Quiche in den vorgeheizten Ofen auf der mittleren Schiene bei 180 °C 30 bis 40 Minuten knusprig backen.

Tipp
Den Giersch und die anderen genannten Wildkräuter kann man durch Bärlauch ersetzen. Die Quiche wird dann giftgrün.

Guter Heinrich

Würzig heilender Kobold

In vielen Sprachen ist er zu Hause: als Goede Henrik in den Niederlanden, Bon Henri in Frankreich oder als Bono Enrico in Italien. Auch im italienisch-französischen Grenzgebiet, so auch in Nizza, wird er unter diesem Namen für eine Art grüne Gnocchi verwendet. Die Rede ist vom Guten Heinrich, dessen Name an eine Legende des 12. Jahrhunderts erinnert, die vom armen aussätzigen Heinrich, ei-

nem hochadligen Ritter, erzählt, der durch Gott mit Aussatz gezeichnet wird und nur durch das Herzblut einer sich freiwillig opfernden Jungfrau geheilt werden kann. Den Zusatz »gut« soll die Pflanze durch ihre Heilkräfte erhalten haben, sie dient in der Naturmedizin der Behandlung von Abszessen, Anämie und Verstopfung. Umschläge mit gekochten Blättern sollen die Wundheilung fördern. Schon der englische Arzt und Kräuterkundige Nicholas

Culpeper empfahl den Guten Heinrich im 17. Jahrhundert gegen winterlichen Skorbut und Gicht. Er ist reich an Saponinen, Oxalsäure, Mineralstoffen (vor allem Eisen) und Vitamin C. Die Pflanze, die leicht mehlig bestäubt und klebrig ist, zählt wie der Spinat zu den Gänsefuchsgewächsen, die Blätter sind dreieckig bis spießförmig, der Blütenstand ist kerzenförmig. Nicht nur der Heilkräfte wegen wird der Gute Heinrich sehr geschätzt, denn der wilde Bruder des Kulturspinats, der in weiten Teilen des gemäßigten Europas verbreitet ist, hat noch viel mehr »Gutes« zu bieten, vor allem kulinarisch. Er schmeckt ähnlich wie Spinat, nur viel kräftiger, würziger, herber, und er ist bissfester. Von September bis Oktober können die Samen geerntet werden. Weich gekocht finden sie ihre Verwendung als süßer Brei, Grütze oder als würzige Füllung von Tomaten und Paprika. Von April bis Juni nutzt man die jungen Triebe und Blätter roh als Salat, in Butter gedämpft als Blattgemüse sowie gekocht zu Gemüsesuppen. Ganz hervorragend eignen sich die Blätter auch für allerlei Füllungen oder Quiches. Selbst die unscheinbar wirkenden Blütenstände, die von Mai bis August in dichten Ähren sitzen, haben ihren kulinarischen Wert und lassen sich wie Brokkoli zubereiten oder im Frischkäse verwerten. Das einjährige Kraut wächst gern in voller Sonne auf Weiden, Misthaufen, insbesondere an Zäunen und Wegrändern – kurz: auf allen stickstoffreichen Böden. Der Sage nach pflegt der Gute Heinrich übrigens auch gute Beziehungen zum Zauberreich: Nach Jakob Grimm ist der »Heinzel« ein häufig verwendeter Koboldname. Der Wichtel, der sich gern einer Hausgemeinschaft anschließt, hilft den Menschen bei der Arbeit, tränkt und füttert die Tiere im Stall, hackt Holz und schaut, dass die Dinge ihren rechten Gang gehen. Doch aufgepasst: Mit faulen Knechten und Mägden treibt er seinen Schabernack!

Guter Heinrich mit Gänseblümchen

Zutaten
200 g Guter Heinrich
50 g Bärenklau und einige junge Brennnesselblättchen
2 EL Olivenöl
Kräutersalz
8 Margeritenblüten

Zubereitung
Das gewaschene Wildgemüse kurz in Salzwasser blanchieren und abtropfen lassen.

In einer Pfanne mit Olivenöl kurz dünsten und mit Kräutersalz abschmecken.

Auf Tellern anrichten und mit den Margeritenblüten dekorieren.

Tipp
Dazu passen kräftige Bratkartoffeln mit Speck.

Hirschhornwegerich

Salat für alle Jahreszeiten

Der Hirschhornwegerich wird all jene begeistern, die in Salatmischungen eine leicht bittere Note schätzen. Die uralte Salatpflanze mit ihren hübschen Blättern ist nicht nur eine Zierde für jeden Garten, sondern durch ihren pikant nussigen Geschmack auch eine Bereicherung des Speiseplans.

Die am oberen Ende geschlitzten Blätter erinnern mit etwas Fantasie an ein Hirschgeweih, daher der Name.

Der Hirschhornwegerich (Plantago coronopus), auch Hirschhornsalat genannt, bietet noch einen anderen Vorteil: Er kann im Frühjahr, im Sommer und im Herbst geerntet werden. Als robuster »Wintersalat« hält er auch niedrigen Temperaturen stand und liefert in der kalten Jahreszeit knackige frische Salatblätter und Vitamine.

Der Hirschhornwegerich, ein naher Verwandter des bei uns bekannteren Breit- und Spitzwegerichs, stammt aus dem Mittelmeergebiet, wo er noch heute als Wildpflanze vorkommt.

Die langen fleischigen Blätter werden vor allem in Frankreich und Italien geschätzt, wo der Hirschhornwegerich gern im »misticanza«, einer Mischung aus wilden und kultivierten Salaten, verwendet wird. Die Pflanze wurde im 16. Jahrhundert zuerst in Italien kultiviert. Noch heute sind Wachteleier mit Hirschhornwegerich ein Klassiker in der toskanischen Küche. Das Pflanzenbuch *Camerarius-Florilegium*, dessen Urheberschaft bis heute nicht geklärt ist, erwähnt die Kulturform des Hirschhornwegerichs bereits um 1586. Aus zahlreichen Belegen in botanischen Lehrbüchern geht hervor, dass er im 16. und 17. Jahrhundert in kaum einem Hausgarten gefehlt haben dürfte. Ein Bild aus jener Zeit beweist, dass die delikate Salatpflanze vor rund 300 Jahren auch nicht anders ausgesehen hat als heute.

Hirschhornwegerich als Tee aufgegossen hilft gegen Erkältungen. In traditionellen Apothekerrezepten wurde aus ihm ein Sirup gegen Husten hergestellt. Karotinoide, Vitamine (hoher Vitamin-C-Gehalt) und Mineralstoffe machen den Wegerich zu einer gesunden Pflanze.

Am besten schmecken die jungen, etwa 10 Zentimeter langen Blätter des Wegerichs. Es empfiehlt sich laufend zu ernten, damit stets Blätter nachwachsen können. Ältere Blätter sind für den Salat zu hart und zu bitter. Wie Spinat blanchiert oder kurz in Olivenöl gebraten, ergeben sie aber ein delikates Gemüse. Mit den Blüten können die Speisen dekoriert werden. Wer die Pflanze im April oder Oktober im Garten sät, hat das ganze Jahr über das leckere und gesunde Kraut zur Hand. Selbst auf dem Balkon in einem großen Topf fühlt sich der Hirschhornwegerich wohl.

Wilder Frühlingssalat mit Feta

Zutaten
200 g Hirschhornwegerich, Pfefferminze, Löwenzahn (junge Blätter)
1 Bund Schnittlauch
1 rote Zwiebel
1 Bund gelbe oder rote Radieschen
200 g Feta
3 EL Weißweinessig
1 TL Senf
Meersalz
1 TL Honig
6 EL Olivenöl

Zubereitung
Wildkräuter waschen, abtropfen lassen und in nicht zu feine Streifen schneiden.

Zwiebel pellen und klein schneiden. Schnittlauch hacken und gewaschene Radieschen in Scheiben schneiden. Alles zusammen mit dem zerbröckelten Feta in eine Schüssel füllen.

Aus Essig, Senf, Salz, Honig und Olivenöl eine Vinaigrette rühren und mit dem Salat vermengen.

Tipp
Dazu passen Kräuterrührei und knackiges Baguette.

Kapuzinerkresse *Kapuzinerkresse*

Würzig scharfe Augenweide

An heißen Sommerabenden soll sie sich manchmal elektrisch entladen, was in der Dunkelheit sichtbar wird. Doch auch am Tag ist die Kapuzinerkresse eine Augenweide. Die glatten, graugrün gefärbten Blätter erinnern an einen Schild, was wohl zur lateinischen Namensgebung Tropaeleum majus beigetragen hat: Unter »tropaeum« verstand man einen mit Waffen behängten Baum, also ein Siegeszeichen. Doch wenn sie zwischen Sommer und Herbst ihre leuchtenden gelben, orangefarbenen und roten Blüten entfaltet, verliert man die interessante Blattform fast aus den Augen, so schön sind die Blüten anzusehen. Da der Blütensporn auch an die Kapuze der Mönchskleidung erinnert, kam es zu der deutschen Bezeichnung Kapuzinerkresse. Volkstümlich wird

sie auch liebevoll Kapuzinerli oder Gelbes Vögerl genannt. Man kennt sie auch als Salat- und Kapernblume (die Samen und die geschlossenen Knospen können wie Kapern in Essig eingelegt werden). Die Blätter der hübschen Kresse haben übrigens die gleichen Eigenschaften wie der Lotus (Lotuseffekt): Die Oberfläche wird nur gering benetzt, Flüssigkeit perlt ab. Die kreuzblüterartige Pflanze, die bis zu 60 Zentimeter hoch wird, war ursprünglich in Südamerika (Chile und Peru) beheimatet. Ein Holländer Namens Bewerding hat sie 1684 nach Europa gebracht, dort wurde sie von den Mönchen in Klostergärten gehalten und vorwiegend aufgrund ihres hohen Vitamin-C-Gehalts gegen Skorbut eingesetzt. In der Pflanzenheilkunde bedeutsam ist sie auch aufgrund ihrer Senfölglykoside, die eine breite antibakterielle Wirkung haben, frische Blätter werden zum Beispiel bei Verletzungen aufgetragen. Der natürliche antibiotische Effekt hilft gegen infektiöse Krankheiten und ist besonders hilfreich bei Infekten der Atemwege und des Rachenraums. Außerdem wirkt sie blutreinigend und pilztötend.

Die elegante Kletterkünstlerin ist aber nicht nur gesund und eine Augenweide in unseren Gärten, sie ist auch essbar. Von Juni bis in den Herbst hinein finden Blätter, Blüten und (unreife) Samen Verwendung in der Küche.

Die jungen Blätter haben einen würzig scharfen, pfeffrigen Geschmack, ähnlich der Gartenkresse. Die Blüten sind essbare Dekoration für Süßspeisen. Blätter, Blüten und Samen machen sich aber auch gut im Salat oder können zu einer würzigen Kräuterpaste verarbeitet werden.

Sommerlicher Blütensalat

Zutaten
1 Römersalat
2 Handvoll Blüten (Kapuzinerkresse, Borretsch, Ringelblume, Rose – ungespritzt)
3 EL Balsamico
6 EL Olivenöl
1 TL Honig
Salz, Pfeffer

Zubereitung
Gewaschenen Salat in mundgerechte Stücke zupfen. Blütenblätter abzupfen, einige für die Dekoration beiseitelegen.

Aus Balsamico, Honig, Salz, Pfeffer und Olivenöl eine Vinaigrette aufschlagen und mit dem Salat und den Blüten mischen.

Anrichten und mit den restlichen Blütenblättern bestreuen.

Tipp
Als Grundlage für diesen Blütensalat können Sie praktisch jeden schmackhaften Blattsalat verwenden.

Kapuzinerkresse lässt sich problemlos auch im Balkonkasten ziehen.

Knoblauchrauke *Knoblauchrauke*

Vielseitiges, gesundes Knoblauchkraut

Im Frühjahr sieht man sie überall an Weges- und Waldrändern, an Hecken und in alten Kräutergärten blühen. Die Rede ist von Knoblauchrauke, auch Lauchkraut genannt. Die Alliaria petiolata aus der Familie der Kreuzblütler ist fast in ganz Europa verbreitet. Die Blätter schmecken nach mildem Knoblauch (daher der Name) und leicht scharfer Kresse.

Die weißen Blüten zieren jeden Speiseteller (von Mai bis Juni), und die Wurzeln schmecken, ähnlich wie Meerrettich, scharf und aromatisch.

Im Mittelalter war die bis zu einem Meter hohe Pflanze, die mit unserem beliebten Rucola verwandt ist, ein gern verwendetes Gewürz für Suppen und Hammelbraten. Es wuchs überall, in der Natur ebenso wie in Hausgärten,

und ersetzte das damals teure Salz und den nahezu unerschwinglichen Pfeffer. Zu Hering, Schinken und Pökelfleisch, zu allem kam die Knoblauchrauke auf den Tisch. Auch als Salat wurde sie verwendet.

Geruch und Geschmack der Pflanze rühren wesentlich vom Senfölglycosid her, das wie Allicin im Knoblauch antiseptisch und leicht harntreibend wirkt. Daher wird Knoblauchrauke auch gern zur Entschlackung eingesetzt. In der Naturmedizin wendet man vor allem die blühende Knoblauchrauke wegen ihrer schleimlösenden und reizlindernden Wirkung bei Asthma und schwerem Husten an. Außerdem wird sie zur Förderung der Wundheilung äußerlich aufgetragen. Auch gegen Würmer soll sie helfen. Neben verschiedenen Mineralstoffen enthält die Pflanze reichlich Vitamin A und C – ist also rundum gesund.

Die Blätter ähneln denen der Brennnessel, sind aber heller und am Rand unregelmäßig gezahnt. Zur Blütezeit kann man die Knoblauchrauke gut von der Brennnessel unterscheiden. Notfalls reibt man an den Blättern, der betörende Knoblauchgeruch ist einzigartig. In vielen Regionen wächst die Wildkräuterpflanze in großen Mengen. So kann man sie ruhigen Gewissens sammeln, ohne den Bestand zu gefährden.

Die frischen Blätter und jungen Triebe eignen sich hervorragend für Salate, Kräuterquark, für Kartoffel-, Gemüse- und Lammgerichte, kurz, zu allen Gerichten, bei denen auch gern Knoblauch verwendet wird. Probieren Sie doch einmal ein selbst gemachtes Pesto oder eine Kräuterbutter von der Knoblauchrauke – ein Gedicht! Das Trocknen der Blätter sollten

Sie sich ersparen, denn das Aroma verfliegt schnell. Die Samen der Pflanze können wie Senfkörner verwendet werden.

Wie bei allen Wildkräutern sollten die Blätter vor dem Verzehr gut gewaschen werden.

Knoblauchbutter

Zutaten
250 g weiche Sauerrahmbutter
40 g Blätter und junge Triebe der
Knoblauchrauke
Kräutersalz

Zubereitung
Blätter und Triebe gut waschen, trocken schleudern und fein hacken.

Weiche Butter schaumig aufschlagen, Kräuter unterrühren und mit Kräutersalz abschmecken.

Mithilfe einer Alufolie zwei Rollen formen und im Kühlschrank oder Tiefkühlfach fest werden lassen.

Tipp
Die Kräuterbutter schmeckt wunderbar als Brotaufstrich oder mit Pasta vermengt. Sehr lecker ist die Butter auch mit gemischten Wildkräutern.

Löwenzahn *Löwenzahn*

Fröhlich und bitter in den Sommer

Er begegnet uns im Frühling und Sommer am Wegrand, in Grünflächen, in der Natur. Für viele ist er nur »Unkraut«, Schrecken aller Anhänger von englischem Rasen. Dabei stimmen uns seine leuchtend gelben Blüten auf den (Früh-)Sommerwiesen, die sich nur bei Sonnenschein öffnen, fröhlich auf die warme Jahreszeit ein. Kinder lieben ihn besonders, wenn die Blüte sich in einen flaumigen, grauen Ball verwandelt hat, der beim Anpusten in Tausende kleine Fallschirme, sprich Samen, zerfliegt. Die Rede ist vom Löwenzahn (Taraxum officinalis). Bereits im Mittelalter wurde die sehr alte Kulturpflanze in den Kräutergärten der Klöster als Heil- und Gemüsepflanze angebaut.

Löwenzahn ist auf der ganzen Welt beheimatet. In Indien, Japan und den Südstaaten der USA wird er als Gemüse geschätzt, in Frankreich vor allem als Salat: Darauf verweist die in Deutschland auch gebrauchte Bezeichnung »Franzosensalat«. Die Franzosen nennen Löwenzahn, den sie sowohl gebleicht als auch grün genießen, »pissenlit«. Das bedeutet wörtlich übersetzt »Piss ins Bett« und spielt auf die harntreibende und entschlackende Wirkung

des Löwenzahns an. Der bis zu 40 Zentimeter hohe Korbblütler ist auch eine Vitaminbombe. Die Blätter enthalten mehr Provitamin A als Karotten und 40-mal mehr als herkömmlicher Salat, darüber hinaus die Vitamine B und C sowie Mineralstoffe, Gerb- und Bitterstoffe. Er enthält 30-mal mehr Eisen als der angeblich so eisenhaltige Spinat. Wir sollten den Löwenzahn als Geschenk von Mutter Natur betrachten. Mit ihm können wir die Frühjahrsmüdigkeit besiegen, Leber und Galle reinigen und unseren wintermüden Körper neu in Schwung bringen. Die Indianer Nordamerikas jedenfalls genießen die Blätter und Wurzeln des vitalisierenden Wildkrauts als Nahrungs- und Heilmittel. Sie wissen: Löwenzahn ist nicht nur äußerst gesund – sofern er nicht neben einer viel befahrenen Straße oder einer Industrieanlage wächst – er schmeckt auch gut.

Während die Wildform im Frühling auf der Wiese geerntet werden kann (die jungen Blätter vor der Blüte), wird der kultivierte Löwenzahn (Taraxum officinalis hortensis) ähnlich wie Chicorée behandelt: Im Herbst gräbt man seine Wurzeln aus und lässt sie im Dunkeln austreiben. Durch das Bleichen verliert das Kraut viele Bitterstoffe. Man kann die Blätter des Kulturlöwenzahns auch frisch vom Beet genießen. Sie sind meist etwas milder als die im Freiland geernteten Blätter des wilden Löwenzahns, enthalten aber auch weniger Vitamine. Typisches Merkmal der heutigen Kultursorten sind die spitz zulaufenden, aufrecht wachsenden, nur leicht gezahnten Blätter.

Ob Sie die würzig bittere Wildpflanze, den etwas milderen Kulturlöwenzahn oder die noch mildere gebleichte Variante bevorzugen: Alle drei ergeben köstliche Salate. Zum Beispiel gemischt mit anderen Wildkräutern und einer Vinaigrette oder als lauwarmer Salat mit ausgelassenem Speck in der Pfanne gedünstet.

Löwenzahnsalat mit Blauschimmelkäse und Pinienkernen

Zutaten
100 g Feldsalat
100 g junge Löwenzahnblätter
einige Blätter Knoblauchrauke
100 g Blauschimmelkäse
40 g Pinienkerne
1 EL Balsamico
5 EL Olivenöl
1 EL Walnussöl
Saft ½ Zitrone
Salz, Pfeffer

Zubereitung
Salat und Wildkräuter gut waschen, trocken schleudern und in eine Schüssel geben. Zerbröselten Blauschimmelkäse zugeben.

Aus Balsamico, Zitronensaft, Salz, Pfeffer, Oliven- und Walnussöl eine Vinaigrette aufschlagen.

Pinienkerne in einer beschichteten Pfanne ohne Fett rösten.

Alles zusammen vorsichtig vermischen.

Tipp
Dazu geröstetes Baguette reichen.
Löwenzahnblüten eignen sich gut für die Herstellung von Sirup und Honig.

Pimpinelle *Pimpinelle*

Starqualität in der grünen Soße

Der kleine Wiesenknopf, wie Pimpinelle auch genannt wird, wächst in vielen Landschaften Mitteleuropas wild auf trockenen Wiesen, an Wald- und Wegesrändern. Das uralte Gewürzkraut gedeiht aber auch problem- und anspruchslos in jedem Hausgarten. Ein trockener halbschattiger bis sonniger Standort genügt ihm. In den mittelalterlichen Klostergärten wurde Pimpinelle nicht nur wegen ihres guten Geschmacks, sondern auch wegen der blutstillenden Eigenschaften angebaut – der alte Name Blutskraut sowie die lateinische Bezeichnung Sanguisorba, »Blut aufsaugend«, erinnern noch daran.

Warum dieses Gewürzkraut aus dem Garten Eden im Lauf der Jahre immer mehr in Vergessenheit geriet, lässt sich schwer nachvollziehen. Doch die neue Lust an der Verwendung von Kräutern, die leichte Kräuterküche, hat unter anderen auch die Pimpinelle wiederentdeckt. Und es lohnt sich!

Sie ist reich an Vitamin C, außerdem enthält sie Gerbstoffe, Flavone (Farbstoffe) und wirkt appetitanregend.

Wenn man sie zwischen den Fingern zerreibt, verströmt Pimpinelle einen ausgeprägten Gurkengeruch. Auch ihr Geschmack erinnert ein wenig an Gurke – so passt sie gut zu Gurkensalat. Es ist aber auch eine leichte, milde, nussartige Note zu schmecken, die an eine Walnuss erinnert. Die gefiederten Blättchen können Sie laufend frisch abpflücken, ältere sind leicht zäh. Dass man das Kraut nicht konservieren kann, ist kein Problem: Wenn man regelmäßig die roten, kugeligen Blütenköpfe herausschneidet, kann man bis in den Herbst hinein die zarten jungen Blätter ernten.

Ähnlich wie Kerbel veredelt Pimpinelle jeden Salat. Außerdem verfeinert sie Omeletts, Kartoffelsalate oder Brotaufstriche aus Frischkäse.

Pimpinelle harmoniert in den meisten Krätersoßen und -suppen mit anderen Kräutern. Auch zu Quark und Eiern passt ihr mild frisches Aroma. Beim Kochen gilt: Pimpinelle immer ganz zum Schluss an die Speisen geben. Durch Erhitzen verliert man das zarte Aroma.

In der bekannten Frankfurter Soße, die schon Goethe so liebte, ist Pimpinelle übrigens der heimliche Star. Sie wird meistens mit Joghurt und saurer Sahne oder Schmand zubereitet, schmeckt aber auch ganz hervorragend als Essig-Öl-Soße mit passiertem hart gekochtem Eigelb. Dank Pimpinelle der perfekte Sommerdip.

Frankfurter Grüne Soße

Zutaten
(für 6 – 8 Personen)
4 Eier
1 Schalotte
1 Knoblauchzehe
unbehandelte Zitrone
2 TL Kräutersenf
5 EL Walnussöl
250 g Crème fraîche
250 g Schmand
200 g Sahne
je 1 Bund Petersilie, Kerbel, Schnittlauch, Dill, Pimpinelle, Sauerampfer, Estragon
Salz, Pfeffer, Zucker

Zubereitung
Die Eier in 10 Minuten hart kochen, schälen und sehr klein hacken. Schalotte und Knoblauch abziehen und ebenfalls hacken. Die Zitrone heiß abspülen und die Schale fein abreiben. Die Zitrone auspressen.

Eier, Schalotte, Knoblauch, Senf, Öl, Zitronenschale und -saft in einer Schüssel verrühren. Crème fraîche, Schmand und flüssige Sahne unterrühren.

Die Kräuter abspülen, hacken und ebenfalls unter die Soße rühren und mit Salz, Pfeffer und Zucker abschmecken.

Tipp
Diese perfekte Sommersoße schmeckt besonders gut zu Pellkartoffeln, gekochtem Fleisch, Sülzen, Eiern oder frischem Bauernbrot.

Portulak *Portulak*

Leckere Vitamin-C-Bombe

Portulak? Noch nie gehört. Dann wird's höchste Zeit. Denn diese Pflanze ist nicht nur ein wohlschmeckender Salat, sondern auch eine Vitamin-C-Bombe: In 100 Gramm Portulak sind 22 Milligramm enthalten. Zum Vergleich: 100 Gramm Banane enthalten nur 11 Milligramm Vitamin C. Also genau der richtige Begleiter für einen feuchtkalten Winter. Zumal Portulak auch Vitamin B1, B2, B6 und Provitamin A (gut für Augen und Haut) enthält. Kohlenhydrate, Eiweiß, Kalzium, Eisen, Natrium und Phosphor vervollständigen die gesunden Inhaltsstoffe. Die Pflanze hilft gegen Appetitlosigkeit und Verstopfung. Ein Tee aus 15 Gramm frischem Portulak, den man mit einem Liter kochendem Wasser übergießt, fünf Minuten ziehen lässt und anschließend filtriert, hilft gegen Entzündungen der Verdauungs- und Harnwege. Die Pflanze ist auch eine der wenigen, die reich an Alpha-Linolensäure sind. Diese entzündungshemmende Säure wird bei vielen Krankheiten, so bei Rheuma, multipler Sklerose und Herzerkrankungen, therapeutisch eingesetzt. Zudem soll Portulak eine fiebersenkende Wirkung haben.

Portulak, auch Postelein genannt, gehört zur botanischen Familie der Portulakgewächse (Portulaceae) und kam zunächst in Vorderasien, dem westlichen Himalaja und Griechenland vor. Schon die alten Ägypter schätzten Portulak als Gemüse und Heilpflanze. In Europa wurde die Pflanze im Mittelalter angebaut. Im deutschsprachigen Raum fühlte sich die einjährige Pflanze mit ihren fleischigen, eiförmigen, grünen bis goldgelb gefärbten Blättern von Flensburg bis Garmisch wohl. Doch wie so viele Wildsalate und -kräuter war sie leider lange Zeit in Vergessenheit geraten, wurde aber zum Glück vor wenigen Jahren vor allem von Biobauern als Delikatesse wiederentdeckt.

Unterschieden wird zwischen Gemüseportulak (März bis Oktober) und dem im Geschmack kräftigeren Winterportulak (November bis April).

Als Salat schmeckt Portulak am besten. Mischen Sie ihn zum Beispiel mit Feldsalat, Walnüssen, klein geschnittenen Möhren (im Sommer gern mit Tomaten und Gurken) und geben eine Vinaigrette darüber. Sie können ihn auch wie Spinat blanchieren oder in etwas Butter dünsten und als Gemüse essen. Aber Vorsicht: Beim Kochen verliert Portulak schnell sein Aroma. Als Belag auf (Butter-)Brot – roh in feine Streifen geschnitten – kommt der fein säuerliche, leicht nussige Geschmack so richtig zur Geltung.

Portulak-Brotzeit

Zutaten
100 g Portulak
1 Knoblauchzehe
4 Scheiben Holzofenbrot
Olivenöl
20 g Parmesan, frisch gerieben
8 Cocktailtomaten
Meersalz, Pfeffer

Zubereitung
Portulak waschen, trocken schleudern und in Streifen schneiden.

Brot mit der gepellten Knoblauchzehe einreiben und mit etwas Olivenöl in der Pfanne von beiden Seiten rösten.

Geröstetes Brot mit Portulak und Tomatenhälften belegen, mit Salz und Pfeffer würzen. Zum Schluss mit geriebenem Parmesan bestreuen.

Tipp
Zusätzlich mit Brunnenkresse bestreut und mit Blüten der Kapuzinerkresse dekoriert, wird aus dem scheinbar einfachen Brot ein leckeres Partyschmankerl für anspruchsvolle Genießer.

Queller

So schmeckt das Meer

Wir treten ihn mit Füßen – zumindest wenn wir im nordfriesischen Watt wandern. Hart ist sein Leben, kaum einer beachtet ihn, und doch ist die Pflanze, von der hier die Rede sein soll, eine Delikatesse: der Gemeine Queller. Salicornia europaea ist eine typische Verlandungspflanze auf den Salzwiesen im Überschwemmungsgebiet von Ebbe und Flut. Stundenlang steht er unter Wasser, um dann wieder einige Zeit in der prallen Sonne im Trockenen zu verbringen. Mit diesen Fähigkeiten ist er ein weltweites »Erfolgsmodell«, Arten aus dieser Gattung sind an den Küsten und einigen Salzstellen im Binnenland rund um den Globus anzutreffen.

Während die Franzosen, Holländer und Israelis ihn kultivieren und verspeisen und mittlerweile auch nach Deutschland exportieren (erhältlich häufig in Fischabteilungen), kommt der Queller bei uns erst sehr langsam in Mode. Dabei ist er ein wunderbar knackig

frisches Gemüse, am ehesten mit jungen Spinatblättern vergleichbar, nur etwas salziger. Die Statur der fleischigen, kleinwüchsigen Pflanze aus der Gattung der Gänsefußgewächse (Chenopodiacaea) erinnert an einen »Miniatur-Säulenkaktus«. Sie ist einjährig und sehr kurzlebig (von April bis Oktober). Nach dem Winterende im April keimen die Samen des Quellers. Zum Keimen benötigt die salztolerante Pflanze allerdings Frischwasser, weshalb das Wachstum meist nach starken Regenfällen einsetzt. Der Spross ist zunächst grünlich, verfärbt sich jedoch bei kontinuierlich ansteigendem Salzgehalt bis in den Herbst hinein rötlich und stirbt schließlich ab. Der Überlebenskünstler lebt sukkulent, das heißt, er speichert Wasser in seinem Inneren, um das Salz zu verdünnen. Daher quillt er im Laufe der Monate immer weiter an, was ihm seinen Namen einbrachte. Seinen Beinamen »Glasschmalz« verdankt er der Tatsache, dass die Asche von Quellerpflanzen früher auch bei der Glaserzeugung zur Herabsetzung des Schmelzpunktes diente.

Pfeifenten und Feinschmecker lieben gleichermaßen seinen kräftigen Geschmack nach Meer. Verwendet werden am besten nur die knackigen jungen Triebe (von April bis Juni), später verholzt er, und dann muss das Herzstück entfernt werden. Roh als einfacher Knabbersnack oder Salat, als Vorspeise kurz blanchiert mit Krabben oder Lachsfiletstreifen oder gedünstet (mit Knoblauch und Schalotte) als Gemüse zum Salzwiesenlamm – den Genuss des Wattenmeers sollten Sie sich nicht entgehen lassen! Blanchierte Queller können auch gut eingelegt werden. In Frankreich eine Delikatesse: Queller

in mildem Essig, dem man Thymian, Pfefferkörner, Lorbeer und Nelken beifügt. Nebenbei gönnen Sie Ihrer Gesundheit etwas Gutes: Der Queller enthält sehr viel Jod und beugt damit Schilddrüsenerkrankungen vor.

Quellergemüse

Zutaten
300 g Queller
8 Cocktailtomaten
2 Schalotten
2 Knoblauchzehen
Olivenöl
Salz, Pfeffer

Zubereitung
Queller in kochendem Salzwasser 1 Minute blanchieren und zügig kalt abschrecken.

Mit den halbierten Cocktailtomaten, den gepellten, klein geschnittenen Schalotten und dem Knoblauch in einer Pfanne mit Olivenöl 3 bis 4 Minuten dünsten, mit Salz und Pfeffer abschmecken.

Tipp
Lammbraten und Schalentiere sind die idealen Begleiter für das Quellergemüse.

Radicchio *Radicchio*

Feinschmeckersalat für Liebende

»Salat soll die Zunge kitzeln, ohne zu brennen, den Gaumen erfrischen, ohne zu kratzen, den Magen anregen, ohne zu überreizen.« Dieser Spruch stammt aus einem uralten Lexikon und zeigt, dass Salate schon sehr lange einen festen Bestandteil unserer Nahrung ausmachen. Doch Salat ist nicht gleich Salat. Der Radicchio (sprich »Radickio«, nicht »Raditschio«!) – auch Rote Endivie genannt – wurde lange vorwiegend in Italien, genauer gesagt in Venetien, angebaut. Doch zunehmend findet der

Korbblütler Cichorium intybus (der übrigens eine Form der Zichorie ist) auch bei uns seine Heimat – und das sowohl als Sommer- als auch als Winterradicchio. Der Feinschmeckersalat ist knackig fest, mit angenehm bitterem, kräftigem und nussigem Geschmack. Die herbe Note erhält er durch den Bitterstoff Intybin (wirkt stoffwechselanregend und appetitfördernd), der sich jedoch infolge des Frostes abbaut, weshalb die Wintersorten etwas milder schmecken. Je nach Sorte bildet er kleine Köpfe oder offene Blattrosetten. Bei uns sehr beliebt ist die rundköpfige, weiß-rote »Rose von Chiaggio«. Die ausgesprochene Bitterkeit

hat man ihr weggezüchtet. In Italien dagegen ist der intensivere »Radicchio di Treviso« begehrt, der in seiner Form (lockerer Kolben) dem Chicorée ähnelt. Dort findet sich auch die wunderschöne, blütenartige Staude des »Radicchio di Castelfranco«, deren rot-violett gesprenkelte Blätter elfenbeinfarben leuchten.

Allen Sorten gemein ist neben den gesunden Bitterstoffen der hohe Gehalt an Mineralstoffen wie Phosphor, Kalzium und Kalium sowie an den Vitaminen A und C. Schon die galenischen Ärzte – zurückgehend auf den im 2. Jahrhundert geborenen griechischen Arzt und Naturforscher Galenos von Pergamon – setzten diese Pflanze ein, um die bittere schwarze Galle aus dem Organismus zu schwemmen und zugleich die Seele von dem Gift bitterer, dunkler melancholischer Gedanken zu befreien. So verwundert es nicht, dass der Radicchio symbolisch für die treue Liebe und die bittere Sehnsucht steht. Deshalb sollte er auch in keinem Liebesmenü fehlen.

Nach dem Einkauf gehören die bunten Köpfe in das Gemüsefach des Kühlschranks. In ein feuchtes Tuch gewickelt bleibt der Salat viele Tage frisch.

Radicchio kann entweder pur oder mit anderen Blattsalaten gemischt genossen werden. Aber auch gekocht lässt er Feinschmeckerherzen höher schlagen. Zum Beispiel als gegrillte Vorspeise oder als italienischer Klassiker im Risotto. Die bittere Geschmacksnote eignet sich auch hervorragend zu allerlei Kompositionen mit Orangen- oder Tomatenaromen. Der vielseitige Salat setzt Ihrer Kochfantasie kaum Grenzen. Allora, amore mio, buon appetito!

Gegrillter Radicchio

Zutaten
2 kleine Köpfe Radicchio
2 Schalotten
2 Knoblauchzehen
1 Bund Petersilie
Olivenöl
1 Biozitrone
40 g Parmesan
Salz, Pfeffer

Zubereitung
Radicchio in Streifen schneiden, waschen und trocken schleudern.

Schalotten und Knoblauchzehen pellen, klein schneiden und Petersilie klein hacken.

Radicchio, Schalotten, Knoblauch und Petersilie in einer Pfanne mit Olivenöl 5 Minuten dünsten. Geriebene Zitronenschale zugeben, mit Salz und Pfeffer abschmecken und mit Zitronensaft ablöschen.

In eine Auflaufform geben, mit geriebenem Parmesan bestreuen und für wenige Minuten unter dem Backofengrill gratinieren.

Tipp
Entweder als Vorspeise mit einem Baguette servieren oder als mediterrane Beilage zusammen mit Rosmarinkartoffeln zu Kalbsleber oder zu Lammkoteletts.

Römischer Ampfer

Klein, fein, zitronig

Klein, fein und wild, so könnte man den Römischen Ampfer umschreiben. Der Rumex scutatus, auch bekannt als Schildampfer, Römischer oder Französischer Spinat, ist eine Delikatesse, die feinste der zahlreichen Ampferarten.

Während der bekanntere Sauerampfer durch eine robuste Säure auffällt, besticht der Römische Ampfer durch eine filigrane, leichte Säure mit frischer zitronenartiger Note. Auch sind die grünen, manchmal ins Rötliche gehenden Blätter wesentlich kleiner und daher zarter im Biss als bei seinem großen Bruder. Der Römische Ampfer aus der Familie der Knöterichgewächse gedeiht bei uns überall: auf feuchten Wiesen, an Wegrändern, an Böschungen und in Kräutergärten.

Die wilde Ampferart war bereits bei den Ägyptern und den antiken Griechen und Römern bekannt und Bestandteil ihres Speisezettels. Im Mittelalter genoss Römischer Ampfer besonders in Frankreich und England hohes Ansehen.

Er ist aber nicht nur eine delikate Bereicherung der Küche, sondern – wenn er in Maßen genossen wird – auch gesund. Zu seinen Inhaltsstoffen gehören: Eiweiß, Oxalsäure, Flavonoide, reichlich Vitamin C, Karotin, Eisen, Gerbstoffe und Hyperosid.

In der Naturmedizin werden die Ampferarten zur Blutreinigung und als harntreibendes Mittel eingesetzt. Pfarrer Kneipp empfahl den Ampfer als »vorzügliche Kost für Kranke«. Soll doch die Pflanze das Immunsystem stärken und gleichzeitig verdauungsfördernd wirken. In der Homöopathie wird sie gegen juckende Hautkrankheiten, Krämpfe und Halsschmerzen eingesetzt.

Da die Oxalsäure dem Körper Kalzium entzieht, sollte Römischer Ampfer aber nicht in allzu großen Mengen verzehrt werden. Es sei denn, Sie kombinieren ihn mit kalziumreichen Lebensmitteln wie Quark und Frischkäse.

In der Küche eignen sich besonders die jungen Blätter vor der Blüte (Mai bis Juli) ausgezeichnet für jegliche Arten von Salaten – solo oder gemischt. Auch einem Kräuterquark und einer Kräuterbutter verleiht der Römische Ampfer eine feine Note. Zwetschgen- oder Apfelkompott wird durch eine Creme aus Schmand mit Puderzucker und fein püriertem Römischem Ampfer zu einer überraschenden Dessertvariation. Sie brauchen nur am Wegesrand zuzugreifen.

Ein subtiles Kraut für anspruchsvolle Gaumen.

Sauerampferquark

Zutaten
250 g Sahnequark
200 g Crème fraîche
50 g Römischer Sauerampfer
½ Biosalatgurke
1 Schalotte
1 Knoblauchzehe
Saft und Schale ½ Biozitrone
5 EL Olivenöl
Salz, Pfeffer

Zubereitung
Ampfer waschen, trocken schleudern, Blätter abzupfen.
Salatgurke waschen und in kleine Würfel schneiden. Schalotte und Knoblauch pellen und klein schneiden. Zitrone abwaschen, Schale abreiben und Saft auspressen.

Alle Zutaten in eine Schüssel geben, gut verrühren und vor dem Servieren noch eine halbe Stunde durchziehen lassen.

Tipp
Der Sauerampferquark harmoniert bestens mit frischem Bauernbrot, bestrichen mit Ziegenbutter, oder mit neuen Kartoffeln und Schinken oder Glückstädter Matjes.

Sauerampfer *Sauerampfer*

Sauer, bitter, belebend

Wenn der Sauerampfer anfängt zu sprießen, ist der Frühling nah. Die krautige Pflanze aus der Familie der Knöterichgewächse (Rumex acetosa) wächst überall in Nord- und Mitteleuropa: auf feuchten Wiesen, an Wegrändern, Böschungen und in Kräutergärten. Gut zu erkennen an den länglichen, Pfeilspitzen ähnlichen Blättern. Je weiter der Frühling voranschreitet, umso mehr geht der Sauerampfer in die Blüte. Für die Küche interessant sind die jungen, delikat bitter schmeckenden Blätter.

Verschiedene Ampferarten waren bereits bei den Ägyptern und Römern der Antike Bestandteil der Nahrung und dienten als Medizin. Auch im Mittelalter genossen Sauerampfer und seine Verwandten hohes Ansehen. So wurde Sauerampfer zum Beispiel für ungekochte grüne Soßen und als Würze verwendet.

Sauerampfer war und ist nicht nur ein beliebtes Wildgemüse, sondern gilt auch als Heilpflanze. Aufgrund seines hohen Vitamin-C-Gehalts wurde er gegen Skorbut eingesetzt. Außerdem ist er reich an Mineralstoffen und

Oxalsäure. Sauerampfer wirkt appetitanregend, entwässernd, blutreinigend und soll bei Leberleiden helfen. Die frischen, zerdrückten Blätter können auf Wunden gelegt werden, um Entzündungen zu lindern.

Da Oxalsäure dem Körper Kalzium entzieht, sollte Sauerampfer nur in kleinen Portionen gegessen werden. Bei Blasen- und Nierensteinen, Rheuma und Gicht sollte man ganz auf den Verzehr verzichten.

Junger Sauerampfer – die älteren Blätter werden bitterer – eignet sich ausgezeichnet für Salate oder kann für Suppen, Quark und Dips verwendet werden. Auch in ein Kräuteromelett passen fein geschnittene Sauerampferblätter. Besonders gut macht sich der zitronensaure, erfrischende Geschmack des Sauerampfers in einer Mousse aus Schmand, Dickmilch, klein geschnittenen hart gekochten Eiern, Salz, Pfeffer, Zucker und Gelatine. Gern wird das Wildkraut auch als säuerliche Zutat zu Kerbel- und Kartoffelsuppen verwendet, zu Linsen, Tomaten, Gurken und Hühnerbrühen. Kurz in Salzwasser blanchiert und in Butter oder Öl gedünstet, kann Sauerampfer auch als alleiniges Gemüse gegessen werden. Man sollte ihn nur nicht in einem Eisentopf kochen, da das Kraut den metallischen Geschmack annimmt.

Bei größeren Mengen wird der säuerliche Geschmack zu vorherrschend, deshalb mischt man den Sauerampfer am besten mit mild schmeckenden Kräutern. In Maßen dosiert und genossen, hebt und belebt Sauerampfer viele Gerichte, gibt ihnen eine erfrischende Note.

Sauerampferomelett

Zutaten
(für 1 Omelett)
1 Ei
2 EL Mehl
1 EL Milch
1 EL fein gehackte Sauerampferblätter
Meersalz
Butterschmalz

Zubereitung
Ei, Mehl, Milch und Sauerampfer zu einem Teig verrühren und mit Meersalz abschmecken.

Den Teig in einer schweren Pfanne mit Butterschmalz bei mittlerer Hitze von beiden Seiten goldgelb backen.

Tipp
Wenn man das Omelett auskühlen lässt und in Streifen schneidet, passt es gut als Einlage zu einer Brühe oder Suppe. Aber auch im Rührei macht sich Sauerampfer gut.

Sauerklee *Sauerklee*

Klein, zart, säuerlich

Schon um 150 v. Chr. erwähnt der griechische Arzt und Dichter Nikandros von Colophon eine säuerlich schmeckende Pflanze: den Sauerklee. Die im Frühjahr gesammelten Blätter von Sauerklee (Oxalis) dienten schon im Mittelalter als Beilage zu Spinat, Salat und Kräutersuppen. Der Name verweist auf den aromatisch säuerlichen Geschmack der Blätter.

Im 15. Jahrhundert wurde das Kraut so beliebt, dass es kultiviert wurde. Aber schon ab dem 16. Jahrhundert wurde Sauerklee in seiner Bedeutung als Salat oder Beilage wieder durch seinen nahen Verwandten, den Sauerampfer, abgelöst. In der Wildkräuterküche feiert der zarte, feinsäuerliche Klee heute wieder eine kleine Renaissance.

Seit dem Altertum wurde Sauerklee auch als Heilpflanze verwendet. Das zur Blütezeit gesammelte Kraut trug man als Paste auf Geschwüre auf. Innerlich angewendet wurde es, zerkleinert und als Extrakt, zum Beispiel bei Leber- und Verdauungsstörungen und bei Vergiftungserscheinungen.

Bis zur Erfindung eines Verfahrens zur synthetischen Herstellung von Oxalsäure fand die Pflanze zudem in der Textilfärberei zur Beseitigung von Rostflecken und zum Bleichen Verwendung. Wie auch beim Sauerampfer sollten wegen des Oxalsäuregehalts nur kleinere Mengen an Sauerklee verzehrt werden. Menschen mit eingeschränkter Nierenfunktion verzichten besser ganz auf den Genuss.

Die Sauerkleefamilie ist groß. Etwa 500 Arten sind weltweit bekannt. Neben dem Sauerklee sind die bekanntesten der rot blühende, vierblättrige Glücksklee, eine Zierpflanze, die im 18. Jahrhundert aus Mexiko zu uns kam, und der Waldsauerklee, der als Frühblüher im April am Waldboden prächtige Massenstände bildet. Die Blätter des Sauerklees schließen sich übrigens bei Dunkelheit, es sieht dann so aus, als würde die Pflanze schlafen. Weil der irische Nationalheilige St. Patrick um das Jahr 430 versuchte, dem irischen Volk anhand der Blattform von Oxalis acetosella die Heilige Dreifaltigkeit zu erklären, ist der Waldsauerklee im Wappen Irlands abgebildet. Noch heute wird jedes Jahr am 17. März, dem Tag des irischen Schutzpatrons, ein Waldsauerkleeblatt am Hut getragen.

Für jeden Wildsalat ist Sauerklee (Blätter und Blüte) eine geschmackliche Bereicherung. Auch eignen sich die Blätter gut als Fischgewürz oder zum Verfeinern von Quark, Frischkäse und Suppen. Es soll auch Köche geben, die Sauerklee, in Milch gekocht, für feine Desserts verwenden. In Verbindung mit Milch wird die vorhandene Oxalsäure gemildert. Auf jeden Fall passt die, subtile Säure gut zu Süßem.

Möhren-Sauerklee-Suppe

Zutaten
300 g Möhren
Olivenöl
2 Schalotten
700 g Gemüsebrühe
150 g Crème fraîche
100 g Sauerklee
Salz, Pfeffer

Zubereitung
Möhren schälen (bei Biomöhren reicht die Wurzelbürste), klein schneiden und zusammen mit den gepellten und fein gewürfelten Schalotten in einem großen Topf in Olivenöl glasig anschwitzen. Brühe zugeben, salzen, pfeffern und die Möhren in etwa 20 Minuten weich köcheln.

Die Suppe mit dem Mixer pürieren und mit der Crème fraîche noch mal kurz aufkochen und nochmals abschmecken.

Suppe in vorgewärmte tiefe Teller füllen und Sauerklee darüberstreuen.

Tipp
Statt Sauerklee können Sie für diese Suppe auch Sauerampfer verwenden. Da Sauerampfer nicht so fein und subtil wie Sauerklee seine Bitterstoffe abgibt, etwas weniger verwenden.

Schafgarbe *Schafgarbe*

Für die bitteren Momente im Leben

Laut Plinius dem Älteren (um 23 – 79) ist die Gattung nach Achill, dem starken und schönen Helden aus der griechischen Mythologie, benannt. Als Schüler des heilkundigen Kentauren Chiron wusste Achill um die Wunderheilkräfte der Schafgarbe (Achillea millefolium). Hippokrates nannte die Wildpflanze »Soldatenkraut mit den vielen Blättern«. Man kennt sie auch als Tausendblatt. In der Volksheilkunde und der Mythologie hat Schafgarbe eine lange Tradition. Auch Jesus soll der Legende nach mit Schafgarbe geheilt haben.

Und wie der Name schon andeutet, wird das Kraut auch von Tieren, besonders von Schafen, geschätzt.

Schafgarbe wächst wild fast überall an Äckern, Wegrändern, in lichten Wäldern, auf Wiesen und in unseren Hausgärten.

Die bis zu einem Meter hohe Wildpflanze, ein Korbblütengewächs, hat behaarte, fein gefiederte Blätter mit weißen, manchmal rosafarbenen Blüten. Neuere Züchtungen lassen die Pflanze auch in Gelb, Orange und Violett erblühen. Sie sind allerdings für den Verzehr eher nicht geeignet. Die neuen Zuchtformen

sind zwar im Garten hübsch anzusehen, aber für die Verwendung in der Küche zu zäh. Hier greift man besser auf die Wildform zurück.

Das »Bauchwehkraut« hat viele gesunde Inhaltsstoffe, ätherische Öle, Gerbstoffe, Inulin, Kalium, Phosphor, und wirkt entzündungshemmend, harntreibend, krampflösend und fiebersenkend. In der Medizin werden mit Schafgarbe Akne, Hämorriden und Wunden behandelt. In der Traditionellen Chinesischen Medizin sind Leber, Milz und Blase der Schafgarbe zugeordnet. Der bittere, leicht scharfe, muskatähnliche Geschmack macht die Pflanze aber auch für die Küche interessant.

Schafgarbe war eines der neun Kräuter im Gründonnerstagsgemüse, einer alten Kultspeise, an die noch der Ausruf »Ach, du grüne Neune!« erinnert. Die Blüten sind etwas zäh, aromatisieren aber Bowle, Likör, Essig und Gelee perfekt. Die jungen Blätter, im Biss zarter, im Geschmack intensiver, sind interessante würzige Beigaben für Salate und Suppen. Als Gewürz verbessert Schafgarbe die Verdaulichkeit schwerer Speisen wie Schweine- und Gänsebraten. Auch in Wurst macht sich die Pflanze gut, ebenso wie im Kräuterquark und in einer Wildkräuterbutter. Bevor das Reinheitsgebot von 1516 die ausschließliche Verwendung von Wasser, Malz und Hopfen vorschrieb, lieferte Schafgarbe auch den würzenden und stabilisierenden Bitterstoff im Bier.

Ein hübsches und gesundes Kraut für die bitteren Momente in der Küche.

Warmer Gemüsesalat mit Schafgarbe

Zutaten
1 Zucchini
1 rote Paprika
2 Möhren
½ Staudensellerie
100 g Schafgarbe
Olivenöl
Balsamico
2 Knoblauchzehen
2 Zitronen
Salz, Pfeffer

Zubereitung
Zucchini, Paprika, Möhren, Staudensellerie putzen, waschen und in Scheiben beziehungsweise in Streifen schneiden. Knoblauchzehen pellen und klein schneiden.

Schafgarbe klein zupfen, mit etwas Zitronensaft und Olivenöl marinieren und beiseitelegen.

Die vier Gemüse nacheinander in einer Pfanne mit Olivenöl braten (circa 4 bis 5 Minuten), salzen, pfeffern, etwas Knoblauch zugeben, mit Zitronensaft und Balsamico ablöschen und auf einer großen Platte anrichten.

Darauf die marinierte Schafgarbe geben.

Tipp
Der mediterrane Gemüsesalat wird noch lauwarm serviert, er schmeckt aber auch kalt am nächsten Tag.

Die marinierte Schafgarbe lässt sich auch gut mit Vogelmiere und Pimpinelle mischen.

Spargelsalat *Spargelsalat*

Chinesischer Emigrant mit besonderen Geschmacksnoten

Wir arbeiten im Sitzen, wir bewegen uns im Auto sitzend fort und verbringen unsere Freizeit sitzend vor dem Fernseher oder am Computer. Wenig Bewegung und trotzdem schlank bleiben, wie geht das zusammen? Ganz einfach: mit Salat. Mit läppischen 14 Kalorien je 100 Gramm und reichlich Vitaminen hilft der grüne Salat selbst Bewegungsmuffeln in Form zu bleiben. Er ist besonders bei Frauen beliebt, die sich bekanntlich vernünftiger ernähren als Männer. Der Salatteller ist – kaum zu glauben – gegenwärtig die beliebteste Speise in der Gastronomie.

Grüner Salat war jedoch nicht immer so beliebt. Früher gab es ihn höchstens als frische Beilage zum (Sonntags-)Braten. Wenn man Pech hatte, wurden die Salatblätter dafür stundenlang in Essigwasser eingeweicht, dann gezuckert und in ziemlich schlaffem Zustand serviert.

Mönche waren es, die einst die Salatpflanze aus dem Mittelmeerraum nach Deutschland

brachten. Salat stand im Ruf, unkeusche Gelüste und erotische Träume zu verhindern. Die »Keuschheitspflanze« durfte in keinem Klostergarten fehlen. Anders die alten Chinesen: Sie versprachen sich von dem zarten Korbblütler reichen Kindersegen. Und die Ägypter, die als Erste Blattsalat kultivierten, weihten ihn Min, dem Gott der Zeugung und Fruchtbarkeit.

Ob Kopf-, Blatt- oder Schnittsalat – alle gehören sie zur Gattung der Lattiche (Lactuca sativa). Das Angebot auf dem Markt wird immer vielfältiger und größer. Darunter ist seit einigen Jahren auch der aus China zu Beginn des 20. Jahrhunderts nach Europa eingewanderte Spargelsalat (Lactuca sativa angustana Vilm.). Bei ihm kann man nicht nur die schmalen, spitz zulaufenden Blätter ernten und essen, sondern auch die dicken Strünke, die wie Spargel geschält und gekocht werden. Der Geschmack der alten chinesischen Kulturpflanze ist einzigartig und hat etwas von Spargel, Mangold und Artischocke zugleich. Ein Salat für Gourmets.

Dank der in ihm enthaltenen verdauungsfördernden Bitterstoffe ist der Salat die ideale Kost bei Darmträgheit. Außerdem verringert er die Säurebildung im Blut und ist deshalb besonders für Herz- und Nierenkranke geeignet.

Die jungen Blätter des Spargelsalats heben jeden gemischten (Wild-)Salat. Die gedünsteten Stängel harmonieren wunderbar mit anderem Frühjahrsgemüse wie Kohlrabi und Erbsen.

Redensartlich bezeichnet Salat ja ein Durcheinander: »Da haben wir den Salat.« Mit dem Spargelsalat bekommt dieses Durcheinander eine besondere Geschmacksnote.

Spargelsalat mit Erdbeeren

Zutaten
150 g Spargelsalat
150 g Erdbeeren
5 EL Sesamöl
1 TL Senf
1 TL Honig
Meersalz

Zubereitung
Spargelsalat waschen, trocken schleudern und klein zupfen. Erdbeeren waschen und halbieren.

Erdbeeren und Spargelsalat in eine Schüssel geben und mit Sesamöl, Senf, Honig verrühren und mit Meersalz abschmecken.

Tipp
Statt Erdbeeren können Sie auch Himbeeren verwenden.

Dazu passt rustikales Bauernbrot.

Vogelmiere *Vogelmiere*

Würzig milder Tausendsassa

Die meisten Gartenbesitzer kennen die Vogelmiere als lästiges Unkraut – hartnäckig bringt
sie im Jahr gleich sechs Generationen hervor.
Dabei ist sie mit ihren kleinen Sternblüten
nicht nur ein äußerst schmackhaftes Wildgemüse, sondern auch ein wertvoller Schutz und
Mulchersatz für den Boden. Der deutsche
Wortteil -miere kommt vom französischen
Wort mur, »Mauer«, und deutet auf den bevor-
zugten Standort an schattigen, feuchten Mau-
ern hin. Man findet sie ebenfalls auf Schutt,

Wegen und Wiesen sowie in Wäldern. Das
auch liebevoll Tausendsassa genannte Wildkraut aus der Familie der Nelkengewächse ist
in Europa seit der Jungsteinzeit bekannt und
gilt daher als Archäophyt (Urpflanze). Mittlerweile ist sie auch zum Kosmopoliten geworden
und wurde durch den Menschen auf der ganzen Welt verbreitet. Früher wurde das Kraut
auch gern an Hühner verfüttert, daher die
volkstümlichen Namen wie Hühnerbiss oder
Hühnerdarm. Da die sternartigen Blüten der
Stellaria media vor allem morgens und vormit-
tags geöffnet sind, nennt man sie auch Mor-
genstern oder Steerntje. Die Blätter und Stängel

können das ganze Jahr über gesammelt werden. Die Vogelmiere blüht von Februar bis Oktober, aus den Blüten entspringt eine Kapselfrucht, die für Vögel eine Delikatesse ist. Aber nicht nur für Vögel: Wildkräuterfans bereiten aus der Vogelmiere Salate, einen Kräuterquark oder ein Süppchen. Auch als zartes, spinatartiges Wildgemüse überzeugt die Vogelmiere kulinarisch. Der Grundgeschmack ist würzig mild und erinnert an jungen rohen Mais. Doch das Kraut schmeckt nicht nur gut. Dank ihrer Vitamine A, B, C und einem doppelt so hohen Gehalt an Kalzium, dreimal so viel Kalium und Magnesium und siebenmal so viel Eisen wie ein normaler Kopfsalat, gibt die Vogelmiere auch neue Lebenskraft und hilft gegen vielerlei Mangelerscheinungen, wie zum Beispiel die Frühjahrsmüdigkeit. In der Volksmedizin wird sie bei Husten, Asthma und Lungenerkrankungen eingesetzt, außerdem zur Reinigung und Kräftigung des ganzen Körpers. Der Pflanze wird eine kühlende, entzündungshemmende, schmerzlindernde, harntreibende, verdauungsfördernde und leicht abführende Wirkung nachgesagt – sodass sie auch bei Heilfastenkuren eingesetzt wird. Sie hilft bei Krämpfen, Leberbeschwerden, übermüdeten und entzündeten Augen, Rheuma und Blasenkrankheiten. Äußerlich soll sie bei Verbrennungen und kleineren Verletzungen hilfreich sein.

Vorsicht sollte man jedoch in der Schwangerschaft walten lassen.

Stark im Geschmack und gesund in den Inhaltsstoffen – es macht einfach Spaß, Wildkräuter wie die Vogelmiere aufzuspüren und näher kennenzulernen. Für kreative Köche sind sie ein im wahrsten Sinne »gefundenes Fressen«!

Vogelmierensalat

Zutaten
200 g Feldsalat
100 g Vogelmiere
½ Bund Radieschen (gelb oder rot)
40 g Walnüsse
2 EL Weißweinessig
5 EL Haselnussöl
1 TL Honig
Salz, Pfeffer

Zubereitung
Feldsalat und Vogelmieren waschen, trocken schleudern und in mundgerechte Stücke zupfen.

Radieschen waschen, in Scheiben schneiden, Walnüsse hacken.

Alles zusammen in eine Schüssel geben und mit Essig, Öl, Honig, Salz und Pfeffer vermischen.

Tipp
Dazu passen frische Landbrotscheiben, mit Knoblauch eingerieben und in Olivenöl geröstet.

Vogelmieren kann man wunderbar mit (fast) allen Wildkräutern und Wildsalaten mischen.

Waldmeister *Waldmeister*

Frühlingskraut mit Heuaroma

Maienzeit ist Waldmeisterzeit. Waldmeister (Galium odoratum) wächst verbreitet in schattigen, krautreichen Buchen- und Laubmischwäldern und bildet hübsch anzusehende dichte Matten. Die Pflanze wird bis zu 40 Zentimeter hoch und ihre zarten weißen Blüten erblühen ab Ende April bis in den Mai hinein. Geerntet werden die frischen Triebe, sobald die sternförmigen Blüten erscheinen. Die frischen Triebspitzen kann man von Mai bis September ernten. Frisch gepflückt duftet Waldmeister nur wenig. Erst wenn die Pflanze anfängt zu welken, verströmt sie ihren typischen süßlichen Duft, der an frisches Heu erinnert.

Ein klassisches Rezept mit Waldmeister ist die Maibowle: Ein angewelktes Bündel Waldmeister wird in Weißwein gehängt. Nehmen Sie die Pflanzen aber nach zwanzig Minuten wieder heraus. Denn Waldmeister enthält Kumarin, einen Stoff, der sich übrigens auch in der für Desserts so beliebten Tonkabohne befindet und der bei zu hoher Dosierung Übelkeit und Kopfweh verursachen kann. Kumarin

wirkt auf das Zentralnervensystem. Deshalb soll eine Tasse Waldmeistertee umgekehrt bei Kopfschmerzen auch Linderung verschaffen. In der Volksmedizin gilt Waldmeister als beruhigend und krampflösend, auch bei Leberleiden.

Außer zur Bowle kann die Pflanze zur Aromatisierung von Süßspeisen, Limonade und Eis verwendet werden. In einer Schaumsoße – zum Beispiel zu einem Orangen-, Zitronen- oder Limonensoufflé – erlangt Waldmeister besondere kulinarische Weihen. Für die Waldmeister-Schaumsoße lassen Sie Waldmeister mit Puderzucker in Milch aufkochen und heben nach dem Erkalten geschlagene Sahne und Crème double darunter.

Ob bei Kopfweh, zur Krönung einer süßen Versuchung oder um Motten vom Kleiderschrank fernzuhalten: Bei Waldmeister kommt es, wie gesagt, auf die Dosierung an. Mit fünf Gramm frischem Waldmeister auf einem Liter Flüssigkeit ist man auf der sicheren Seite. Bei der Bereitung von Süßspeisen, wenn er zum Beispiel mit Milch aufgekocht wird und man ihn noch zehn Minuten in der Flüssigkeit ziehen lässt, bevor man ihn herausholt, darf die verwendete Menge wesentlich größer sein: gern 150 Gramm Waldmeister auf einen halben Liter Flüssigkeit. So schmeckt der Mai – frisch nach Heu und Waldmeister.

Waldmeistercreme

Zutaten
30 g Waldmeister
100 ml Apfelsaft
6 Eigelb
400 ml Sahne
40 g Puderzucker
Abrieb einer Zitrone, Rohrzucker

Zubereitung
Waldmeister an einem schattigen Ort welken lassen.

Apfelsaft etwas erwärmen, den Waldmeister hineingeben und eine Stunde ziehen lassen.

Waldmeister entfernen und den Saft auf ein Drittel der Flüssigkeit einkochen.

Eigelbe, Sahne, Saft, Puderzucker und Zitronenabrieb verquirlen und durch ein feines Sieb gießen.

In vier feuerfeste, kleine Förmchen gießen und bei 100 °C eine knappe Stunde im Ofen stocken lassen.

Die Creme abkühlen lassen, mit dem Rohrzucker bestreuen und unter dem Grill goldbraun karamellisieren.

Tipp
Dazu passen mit Grand Marnier marinierte Waldbeeren.

Wenn man den Waldmeister im Frühjahr noch vor der Blüte sammelt und einfriert, hat man das ganze Jahr etwas davon. Durch das Frosten steigert sich sogar das außergewöhnliche Aroma.

Wiesenbärenklau *Wiesenbärenklau*

Europäischer Ginseng

Die Suche nach der Quelle der ewigen Jugend wird bereits im Alexanderroman, den antiken und mittelalterlichen Biografien Alexanders des Großen, geschildert. Der spanische Konquistador Juan Ponce de León suchte auf seiner Expedition nach Florida 1513 vergeblich nach dem verheißenen Jungbrunnen. Vielleicht hätte er es einmal mit dem Doldengewächs Heracleum sphondylium (Bärenklau/Wiesenbärenklau) versuchen sollen, das ähnlich wie Ginseng als Verjüngungsmittel (und nebenbei als Aphrodisiakum) gilt. Volksmedizinisch und homöopathisch wird es außerdem bei Verdauungsbeschwerden, zur Blutdrucksenkung und bei Husten und Heiserkeit eingesetzt. Die Naturheilkunde verwendet die Pflanze bei Störungen des Zentralnervensystems, multipler Sklerose und Entzündungen im Rachenraum, aber auch bei Antriebsminderung, Lethargie und Kopf-

schmerzen. Das mag auf die vielen guten Inhaltsstoffe zurückzuführen sein, wie das Provitamin A, Eiweiß, Kalium, Ölsäure, Eisen, Kalium, Kalzium und Magnesium. Der Wiesenbärenklau ist in ganz Eurasien heimisch und glänzt schon seit geraumer Zeit mit seinen gesunden Eigenschaften. So geht der von Plinius dem Älteren eingeführte Gattungsname Heracleum wahrscheinlich auf Herakles oder Herkules zurück, der die heilende Wirkung der bis zu 1,5 Meter hohen Pflanze entdeckt haben soll.

Auf nährstoffreichen Wiesen, an Gräben und in Staudenfluren findet man Wiesenbärenklau vom Frühjahr bis zum Herbst überall im Lande. Die Pflanze hat gerillte, hohe Stängel mit großen, einfach gefiederten und gelappten Blättern. Die weißen Blüten öffnen sich von Juni bis Oktober. Von der Pflanze können alle Teile gegessen werden. Besonders schmackhaft sind die jungen Blätter, die ab April auf frisch gemähten Wiesen geerntet werden können. Wer sich nicht gut in der Botanik auskennt, sollte allerdings Bärenklau nicht selbst sammeln. Es gibt ähnlich aussehende Pflanzen, die giftig sind. Auch sollte man wissen, dass bei entsprechender Empfindlichkeit aufgrund der enthaltenden Furocumarine bei Berührung und Tageslicht allergische Hautreaktionen und Verbrennungen ausgelöst werden können – wie bei seinem großen Verwandten, dem Riesen-Bärenklau, nur nicht so heftig.

Bei der Zubereitung der haarigen Stängel sollte man vorher die zähen Fasern abziehen. Wiesenbärenklau kann roh als Salat und gedünstet zu Spinat gegessen werden und gibt Pfannengemüse den letzten Pfiff. Die Blätter eignen sich auch gut für Eierspeisen und als Würze für Kräuterkäse. Der Geschmack des Wiesenbärenklaus ist mild würzig und erinnert an süße, wilde Karotten und Spinat. Mit den aromatischen Blütenknospen kann man würzen und dekorieren oder man legt sie als Antipasti ein. Die noch grünen Samen werden gehackt als Gewürz und Süßspeise verwendet oder – wie traditionell in Litauen und Polen – zur Herstellung einer Art Bier. Die Wurzel ist leicht scharf und bietet ein schmackhaftes Herbstgemüse. Sie merken schon: Ein wahrer Tausendsassa, der fast das ganze Jahr Vergnügen und Genuss bereitet.

Bärenklaugemüse

Zutaten
200 g Bärenklaublätter und -stiele
2 EL Butter
Meersalz

Zubereitung
Blätter und Stiele abzupfen, waschen, trocken schleudern und eine Minute in kochendem Wasser blanchieren. Gut abtropfen.

Gemüse mit der Butter in einer Pfanne kurz dünsten und vorsichtig salzen.

Tipp
Einfacher geht es nicht. Aber manchmal ist weniger mehr. Jede weitere Würzung würde vom feinen, speziellen Aroma nur ablenken.

Als Beilage zu Fisch und Fleisch.

Ysop *Ysop*

Vornehm bescheidenes Heil- und Küchenkraut

Schon zu biblischen Zeiten war der Lippen-
blütler in aller Munde und wurde bei liturgi-
schen Handlungen eingesetzt. Im Alten Testa-
ment heißt es: »Reinige mich mit Ysop, und
ich werde rein sein.« Heute ist Ysop ein wenig
in Vergessenheit geraten. Vollkommen zu
Unrecht! Die anspruchslose Kräuterpflanze –
sie gedeiht übrigens auch im Balkonkasten –

wurde im 9. Jahrhundert von Mönchen nach
Deutschland gebracht. Bei den Heilkundigen
des Mittelalters erfreute sich Ysop (Hyssopus
officinalis) großer Beliebtheit: als Kompresse
zur Stärkung müder Augen, als Würzmittel,
das die Verdauung anregt, oder als Tee bei
Husten. Die aromatische Pflanze wurde von
Bäuerinnen auch gern ins Gebetbuch gelegt,
um sich mit dem Duft während des Gottes-
dienstes frisch zu halten.

Ysop enthält Mineralstoffe, Harze, Gerb- und Bitterstoffe. Mit 0,3 bis 0,9 Prozent ist der Anteil an ätherischen Ölen beachtlich. Die frischen und getrockneten Blätter sind bis heute ein bewährtes Hausmittel bei Bronchitis, Erkältung und Husten. Außerdem wirkt das Kraut stärkend, appetitanregend, verdauungsfördernd, harntreibend und entzündungshemmend.

Der mehrjährige Halbstrauch wird etwa 30 bis 60 Zentimeter hoch und liebt sonnige Standorte. Doch Ysop ist nicht nur eine duftende Zierpflanze mit hübschen blauen Blüten und eine traditionelle Heilpflanze, sondern auch eine wohlschmeckende Gewürzpflanze und in der Küche vielfältig einsetzbar.

Ysop schmeckt leicht herb und bitter und erinnert an Minze, auch etwas an Rosmarin und Bohnenkraut, wobei ihm der kampferartige Beigeschmack des Ersteren und die Bitterkeit des Letzteren fehlt. Ysop ist subtiler, feiner im Geschmack. Das aus der Pflanze gewonnene Öl (Oleum Hyssopi) wird in der Branntweinherstellung verwendet. Es aromatisiert so berühmte Liköre wie Chartreuse und Pastis.

Als Gewürz passt Ysop zu Eintöpfen, Suppen, Gemüse-, Fisch- und Fleischgerichten. Frisches Ysopkraut veredelt Kartoffelsalate, Omeletts und Würste. Ein Pfirsich- oder Aprikosenkuchen erhält mit klein geschnittenem Ysop bestreut eine überraschende Note. Die Einsatzmöglichkeiten in der Küche sind vielfältig, aber das Gewürz sollte sparsam verwendet werden. Ysop liebt nun einmal die vornehme Bescheidenheit.

Dorschfilet im Kräuterdampf

Zutaten
4 Dorschfilets
200 ml Fisch- oder Gemüsebrühe
50 g gemischte Kräuter im Säckchen
(Ysop, Thymian, Salbei, Lorbeer)
Salz
etwas Zitronensaft

Zubereitung
Brühe mit dem Kräuterbündel kurz aufkochen, von der Herdplatte nehmen und einige Minuten ziehen lassen.

Dorschfilets salzen und in einen Siebeinsatz legen. Diesen dann auf den Topf mit der Kräuterbrühe stellen, Deckel auflegen und den Fisch etwa 12 Minuten über Dampf garen. Dann mit Zitronensaft beträufeln.

Tipp
Dazu passt besonders gut ein Linsengemüse aus schwarzen Belugalinsen, Schalotten, Knoblauch, fein gewürfelten Möhren und Fenchel.

Zuckerhutsalat *Zuckerhutsalat*

König der Endiviensalate

»Um einen guten Salat anzurichten, braucht man vier Charaktere: einen Verschwender für das Öl, einen Geizhals für den Essig, einen Weisen für das Salz, einen Narren für den Pfeffer.« So der französische Schriftsteller François Coppée (1842–1908). Was natürlich ebenfalls nicht zu entbehren ist, ist die passende Grundlage: ein schöner Wintersalat. Unbedingt sollte man den Zuckerhutsalat aus der Familie der Korbblütler probieren, den König unter den Endiviensalaten. Wenn andere Gewächse schon längst das Feld geräumt haben, entfaltet der frostharte Cichorium intybus erst seine wahre Größe. Ende Oktober bis in den November ist der bis zu zwei Kilo schwere Salat erntereif. Später gedeiht er noch gut unter Glas. Ab Herbst bildet der Zuckerhutsalat bis zu

40 Zentimeter hohe, ovale Köpfe, denen das hellgrüne Gewächs auch seinen Namen verdankt. Aufgrund der Festigkeit seiner Blätter ist er in einigen Gegenden auch als Fleisch-

kraut bekannt. Seine Vorfahrin ist die bei uns weitverbreitete und bekannte Wegwarte (»die nach dem Weg der Sonne am Himmel Ausschauende«). Sie hat eine lange Geschichte als Heilpflanze. Vor allem aus dem ausgehenden Mittelalter sind viele Mythen bekannt, die ihr Liebeszauberkräfte zuschreiben (unter dem Kissen der Jungfrau lässt sie ihr im Traum den zukünftigen Ehemann erscheinen), weshalb sie gern als »Blaue Blume der Romantik" besungen wurde. Aus der Wegwarte wurden zur Blattnutzung verschiedene Kulturpflanzen gezüchtet: der Zuckerhutsalat, eine Variante der Zichorie, der Radicchio und der Chicorée. Allen gemeinsam ist der kräftige herbe, leicht bittere Geschmack. Dieser ist auf den hohen Gehalt an Intybin zurückzuführen, einen Bitterstoff, der den Speichelfluss und die Magensekretion anregt, aber auch galle- und harntreibend wirkt. Der Zuckerhut enthält daneben auch Inulin und mittlere Mengen an Vitaminen und Mineralstoffen wie Provitamin A (Betacarotin), Vitamin C, Folsäure und Kalium. Er eignet sich gut als süß angemachter Wintersalat mit geraspelten Äpfeln und Nüssen; beliebte Partner sind auch Mandarinen und Orangen. Oder als würziger Salat mit Walnüssen und einer klassischen Vinaigrette. Auch als Gemüse gedünstet oder gratiniert schmeckt der Zuckerhutsalat hervorragend.

Besonders Biobauern schätzen ihn, da er sehr robust ist und praktisch keinen Pilzbefall aufweist. Am besten wird er im Keller gelagert – am Strunk kopfüber aufhängen oder mitsamt den Wurzeln in Zeitungspapier einwickeln und in Kisten aufbewahren. Im Gemüsefach des Kühlschranks – Wurzeln abschneiden, Außen-blätter entfernen, in ein feuchtes Tuch wickeln – hält er gut eine Woche.

Dank Cichorium intybus braucht man auch im Winter nicht auf seine tägliche Portion Salat zu verzichten.

Winterlicher Zuckerhutsalat

Zutaten
200 g Zuckerhutsalat
1 säuerlicher Apfel
1 Orange
Zitronensaft
40 g Walnüsse
1 TL Honig
2 EL Balsamico
5 EL Olivenöl
Salz, Peffer

Zubereitung
Zuckerhutsalat waschen, trocken schleudern und in mundgerechte Stücke schneiden.

Apfel schälen, entkernen, in Stücke schneiden und mit etwas Zitronensaft beträufeln. Die Orange filetieren und in Stücke schneiden. Walnüsse klein hacken.

Alles zusammen mit Honig, Balsamico und Olivenöl mischen und mit Salz und Pfeffer abschmecken.

Tipp
Der Zuckerhutsalat ist ein richtiger Appetitanreger. Durch seine Inhaltsstoffe werden Speichel und Magen in gute Stimmung versetzt. Besser kann man kein opulentes Mahl einleiten.

Pilze

Austernpilz • Friséepilz • Kräuterseitling • Pompon blanc • Shiitake • Steinpilz

Austernpilz

Kalbfleischpilz

Pilze sind eigentlich höchst seltsame Geschöpfe der Natur. Sie sind weder Obst noch Gemüse, weder Pflanze noch Tier, sondern bilden eine eigene systematische Gruppe, die kein Blattgrün enthält und keine Fotosynthese betreibt. Außerdem bestehen ihre Zellwände nicht aus der bei Pflanzen üblichen Zellulose, sondern aus Chitin wie bei den Insekten. Nichtsdestotrotz sind sie in unseren Küchen außerordentlich beliebt.

Vor allem in Asien kennt man Pilze schon seit Jahrtausenden als Nahrungs- und Heilmittel. Aber auch in Europa finden sie vermutlich bereits seit der Jungsteinzeit als Nahrung und Medizin Verwendung. Da die meisten Pilze in engen Gemeinschaften leben, konnten bislang nur wenige als Zuchtpilze angebaut werden. Dazu zählen unter anderen Champignon und Austernpilz. Dabei rückte der aus Asien stammende, auch bei uns heimische Austernpilz in den letzten Jahren immer mehr in den Blickpunkt der Verbraucher.

Der Pleurotus astreatus wächst wild auf morschen Baumstümpfen. Der bei uns meist angebotene Zuchtpilz gedeiht auf Stroh.

Der edle Speisepilz überzeugt durch seinen vollen, kräftigen, dabei feinen Geschmack. Da er auch in der Konsistenz – sogar beim Braten bleibt er zart – an Kalbfleisch erinnert, wird er umgangssprachlich gern als Kalbfleischpilz bezeichnet.

Der meist elfenbeinfarbene Feinschmeckerpilz – er kann auch je nach Kulturstamm graublau oder bräunlich aussehen – hat einen großen, muschelförmigen, leicht nach hinten gebogenen Hut, der zwischen 5 und 10, manchmal sogar 20 Zentimeter misst.

Der Austernpilz schmeckt nicht nur gut, er garantiert auch eine gesunde Ernährung: Er enthält viel Eiweiß (dadurch liefert er uns viele wertvolle Aminosäuren), Mineralstoffe und Vitamine (besonders viel Vitamin B2), dabei kaum Kalorien.

Da der Austernpilz sehr druckempfindlich ist, sollte man ihn sehr vorsichtig putzen. Man kann ihn zwar auch roh essen, er ist aber in dieser Form keine Offenbarung. Am besten schmeckt er gebraten oder gegrillt, eignet sich aber auch zum Überbacken oder Schmoren. Er passt in Suppen, Aufläufe und als Beilage zu Fleisch, Fisch und Geflügel. Vegetarier können sich mit ihm ein Tofusteak auf japanische Art zubereiten. Mir schmeckt er besonders gut im Omelett oder kurz in Olivenöl gebraten zum Feldsalat als leichter winterlicher Mittagssnack.

Bei diesem Variantenreichtum findet sich für jeden Geschmack leicht das Passende.

Überbackene Austernpilze

Zutaten
300 g Austernpilze
8 EL Olivenöl
1 Biozitrone
1 Bund Petersilie
1 Frühlingszwiebel
2 Knoblauchzehen
60 g Semmelbrösel
2 EL Parmesan, frisch gerieben
Salz, Pfeffer

Zubereitung
Backofen auf 200 °C vorheizen. Pilze mit etwas Öl bestreichen und nebeneinander in eine feuerfeste Form legen.

Zitrone waschen und Schale dünn abschälen. Petersilie waschen, trocken schütteln und Blättchen abzupfen. Frühlingszwiebel waschen, putzen, grob schneiden. Knoblauch pellen und mit der Zitronenschale, Petersilie und Zwiebel sehr fein hacken.

Die Petersilienmischung mit Semmelbröseln, Parmesan und dem restlichen Öl verrühren, salzen, pfeffern.

Masse auf die Pilze verteilen und diese im Ofen circa 15 Minuten goldbraun backen.

Tipp
Austernpilze wachsen wie viele Zuchtpilze auf Stroh und sind daher nicht schmutzig. Sie können gleich verwendet werden. Am besten lagert man sie ohne Verpackung auf einem Teller im Gemüsefach im Kühlschrank oder direkt darüber. Länger als ein paar Tage sollten sie aber nicht lagern, denn sie verlieren Flüssigkeit und dadurch auch an Geschmack.

Friséepilz *Friséepilz*

Koralle des Waldes

»Wer nicht genießt, ist ungenießbar«, lautet ein Songtitel von Konstantin Wecker. Auch unter den Pilzen gibt es ungenießbare Vertreter ihrer Art. Doch die ungiftigen Hütchen, allen voran die Edelexemplare, erfreuen sich zunehmender Beliebtheit in der gehobenen Gastronomie und auf dem heimischen Feinschmeckertisch. Eine der schönsten Edelpilzarten, der Friséepilz oder auch Ästiger Stachelbart genannt, ist sogar unter natürlichen Bedin-

gungen in unseren Breiten in alten Buchenwäldern zu finden, zumindest zwischen Juli und Oktober. Wie kommt eine Koralle bloß in den Wald?, mögen sich aufmerksame Spaziergänger schon gefragt haben. Denn die filigrane Struktur des Pilzes aus der Familie der Stachelbärtigen, das weiße bis cremefarbene Pilzfleisch mit seinen acht bis zehn Zentimeter langen Stacheln, die wie Eiskristalle emporstechen, erinnern sehr an eine Koralle – daher auch der botanische Name Hericium coralloides. Älteren Pilzsammlern dürfte der Pilz noch unter Bezeichnung »Krause Glucke« bekannt

sein. Doch nicht nur wegen seiner Schönheit, sondern auch seiner Gefährdung wegen ist der Friséepilz zum Pilz des Jahres 2006 erkoren worden. Denn mit aufgeräumten Fichten-Monokulturen kann er nicht viel anfangen, er wächst nur auf Totholz (saprotroph) von Laubbäumen, besonders an Rotbuchen, vereinzelt auch an Eichen und Pappeln. Deshalb gilt er auch als »Urwaldpilz« der nördlichen Hemisphäre. Der dicke Strunk verzweigt sich in immer feinere Äste, an denen sich seine Sporen bilden. Jedes kleine Ästchen bildet Hunderte davon, die an alten Buchen auskeimen und im Holz ein feines Geflecht, das Myzel, entwickeln. So vermorscht der Stamm, und erst in der letzten Phase der Holzzersetzung bilden sich die Fruchtkörper, die besagten »weißen Korallen«. Einzelexemplare erreichen einen Durchmesser von bis zu 30 Zentimetern. Doch nicht nur aufgrund seiner zunehmenden Seltenheit in der Natur sollte man auf den Zuchtpilz umsteigen. Anders als in der Natur hat die Zuchtform des Friséepilzes eine angenehme Schärfe im Nachgeschmack, die gut zum Würzen verwendet werden kann, zum Beispiel roh im Salat oder angebraten als eine Art Crunch auf dem Salat (was zudem äußerst dekorativ ist). Einen besonderen Genuss bietet er in heißem Fett (Butter-Olivenöl-Gemisch) braun gebraten (vorher einfach per Hand zerpflücken). Er passt zu jedem guten Stück Fleisch und zu jedem Edelfisch.

Der hübsche Edelpilz aus der Zucht wächst auf einem geimpften Substrat bei Temperaturen um 16 °C und einer Luftfeuchte von 95 %. Die Traditionelle Chinesische Medizin setzt übrigens seine Schwesterart, den Igelstachel-

bart, bei Nervenleiden und Magenbeschwerden ein. An einer medizinischen Nutzung für die »Waldkoralle« wird noch geforscht. Derweil begnügen wir uns mit dem Essgenuss.

Kohlrabi-Friséepilz-Carpaccio

Zutaten
2 kleine Kohlrabi
400 g Friséepilze
2 EL Balsamico
6 EL Olivenöl
Salz
Pfeffer
30 g Parmesan

Zubereitung
Kohlrabi schälen und in hauchdünne Scheiben schneiden oder hobeln und auf einer flachen Platte fächerförmig anrichten. Leicht salzen und pfeffern und Balsamico und 4 EL Olivenöl darüberträufeln.

Friséepilze in mundgerechte Stücke zupfen und mit dem restlichen Olivenöl kurz und knackig in einer Pfanne 2 Minuten braten und über den Kohlrabi verteilen. Geriebenen Parmesan darüberstreuen.

Tipp
Das feine Aroma der Pilze mag keine allzu kräftige Würze. Besser erst einmal sparsam mit Gewürzen umgehen.

Den Friséepilz kann man auch wunderbar grillen und frittieren, sein Aroma entwickelt sich dabei besonders gut.

Kräuterseitling

Zart, knackig, süßlich

Pilze gehören seit Menschengedenken zu unserem Speiseplan. Nordasiatische und nordamerikanische Medizinmänner und Schamanen benutzen seit Jahrtausenden Pilze, um sich an ihnen zu berauschen. Pharaonen sahen sie als Speise der Götter. Und schon im Römischen Reich bekamen Soldaten Pilze als Stärkung zu essen. Ein ganz besonders edles und schmackhaftes Exemplar der putzigen Geschöpfe ist der Kräuterseitling aus der Gattung der Seitlinge (Pleurotus), der zu den Ständerpilzen (Basidiomycetes) gehört. Der Fruchtkörper wird im Freiland circa 8 mal 5 Zenti-

meter groß, ist weiß, creme- bis ockerfarben mit matt graubraunem, feinfilzigen Hut. Die Seitlinge erscheinen bei 8 bis 18 Grad auf den Wiesen und sind bei uns vorwiegend in der Herbstzeit erhältlich. Der Hutrand ist lang heruntergebogen bis eingerollt und leicht wellig. Die Lamellen sind weiß und färben sich mit zunehmender Reife gelblich bis orange. Doch sie sind nicht nur nett anzuschauen, sondern auch ein Gaumenschmaus: Das Fleisch ist fest und sein wohlschmeckendes, leicht süßliches und zartes Aroma erinnert stark an Steinpilze. Saftig, feinwürzig und knackig – am besten schwenkt man ihn nur kurz in Butter, um sich den feinen Genuss zu erhalten. Dabei ist er ein so vielseitig verwendbarer

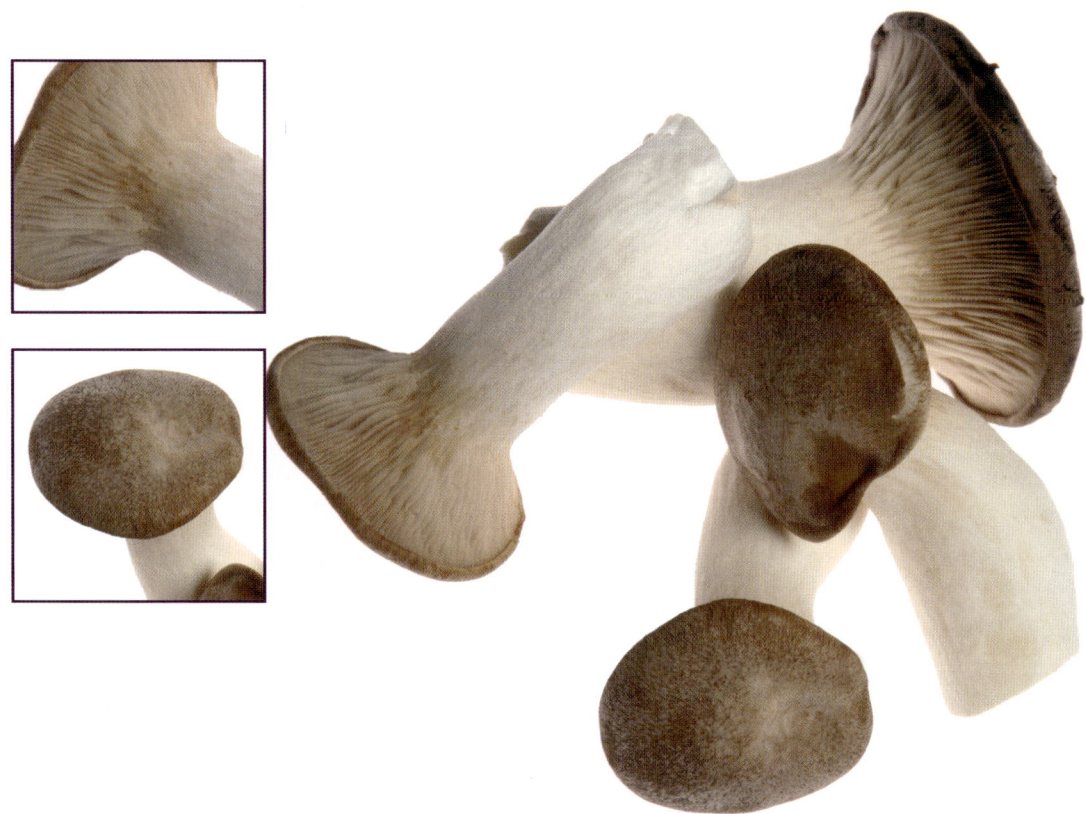

Kollege: Das Fleisch – Sie können 100 Prozent des Pilzes verwenden – ist auch nach dem Garen noch bissfest. Wegen seines vorzüglichen Geschmacks, seiner leichten Verarbeitung in der Küche – man braucht nur das Stielende abzuschneiden – und der guten Haltbarkeit nimmt seine Bedeutung als Kulturspeisepilz stetig zu. Besonders im Naturkosthandel wird der Kräuterseitling häufig angeboten. Der Vorteil für seine Liebhaber: Sie müssen nicht selbst suchen und der Zuchtpilz wird das ganze Jahr über angeboten.

Der feinaromatische Edelpilz schmeckt gebraten, gegrillt und geschmort. Sein köstliches Aroma und sein edles Erscheinungsbild mögen darüber hinwegtäuschen, dass er eigentlich ein Schmarotzer ist. Vorzugsweise auf den Wurzeln von Doldenblütern, genauer gesagt, dem Feld-Mannstreu und dem Alpen-Mannstreu (die köstlichere Variante, schmeckt etwas anisartig), was ihm auch seinen Namen Kräuterseitling (Pleurotis elyngii) einbrachte. Bei Kultur auf Substrat reifen die Pilze schubweise heran – mit Pausen von etwa vier Wochen.

Zur Zubereitung: Auf keinen Fall sollten Sie die Pilze wässern. Das Säubern funktioniert bestens mit einer weichen Kinderzahnbürste. Bei Zuchtexemplaren ist das Putzen allerdings kaum nötig. Gekühlt hält sich der Seitling bis zu acht Tage, man kann ihn auch trocknen. Der aromatische Waldbewohner schmeckt aber nicht nur delikat, er ist auch noch gesund: Da er zu fast 90 Prozent aus Wasser besteht, ist er ideal für die schlanke Linie. Zudem ist er reich an Mineralstoffen und Kohlenhydraten und gut verdaulich – die ideale Diabetikerkost.

Fazit: Der kleine Bruder vom Austernpilz kann in vielerlei Hinsicht dem bei Feinschmeckern so beliebten Steinpilz das Wasser reichen.

Pasta mit Kräuterseitling

Zutaten
300 g Kräuterseitlinge
100 g Schinken, geräuchert oder luftgetrocknet
1 Bund Frühlingszwiebeln
400 g breite Röhrennudeln
125 ml Weißwein, trocken
Olivenöl
1 TL Zitronensaft
½ Bund Basilikum
Salz, Pfeffer

Zubereitung
Den Schinken in Streifen schneiden. Frühlingszwiebeln waschen, putzen, in Streifen schneiden. Pilze putzen und in Scheiben schneiden.

Die Nudeln in Salzwasser al dente kochen.

Schinken und Zwiebeln in Öl in einer Pfanne 2 Minuten braten, Pilze zugeben und weitere 3 Minuten braten. Mit Wein und Zitronensaft ablöschen und mit Salz und Pfeffer abschmecken.

Nudeln mit den Pilzen und den klein geschnittenen Basilikumblätter mischen.

Tipp
Mit Safran und Koriander bekommt das Gericht noch einen zusätzlichen Pfiff.

Gegarte Kräuterseitlinge kann man einen Tag im Kühlschrank aufbewahren.

Pompon blanc

Mit Gold aufgewogener Stachelpilz

Vielleicht hat noch jemand das große Glück, den extrem selten gewordenen Pilz auf einem Spaziergang zu entdecken. Wahrscheinlicher ist es jedoch, den Pompon blanc, auch Igelstachelbart, Affenkopfpilz oder Yamabusitake genannt, aus einem Zuchtbetrieb im Feinkosthandel oder in einem Biomarkt zu ergattern. Der Pilz galt bereits vor Jahrhunderten in China und Japan als Delikatesse und wurde mit Gold aufgewogen. Ursprünglich aus dem nicht tropischen Raum der gesamten nördlichen Hemisphäre stammend, ist der Hericium erinaceus auch in Deutschland schon seit Jahrhunderten als Baumpilz auf Eichen und Buchen (Wundparasit) beheimatet. Die Gattung der Stachelbärte aus der Klasse der Ständerpilze (Basidiomyceten) stellt eine relativ kleine Gruppe von Pilzen dar, bei denen der Pilzkopf seine Sporen auf einem sogenannten Hymenium trägt, einer Lage von »Mutterzellen«, die außerhalb der zähneartigen Grate liegt. Er ist beigefarben, manchmal auch leicht rötlich und kann Größen von bis zu 30 Zentimeter erreichen. So kurios sein Äußeres sein mag, so sehr hat der Pilz es in sich: Im Gegensatz zu den meisten anderen Stachelpilzen ist der Igelstachelbart nicht nur essbar, sondern eine wahre

Delikatesse. Sein Geschmack erinnert an Geflügel- und Kalbfleisch (nur feiner) mit einem leicht fruchtigen Aroma von Zitronengras und Kokosnuss. Zubereitet wird er ungewaschen und leicht in Butter oder Öl geschwenkt. In Scheiben geschnitten kann der Pilz auch paniert und wie ein vegetarisches Schnitzel verarbeitet werden. In der Konsistenz ähnelt er übrigens Jakobsmuscheln. Beim Kauf sollte unbedingt darauf geachtet werden, dass sich keine gelben Spitzen an den Stacheln befinden. Nicht umsonst schätzen ihn die Asiaten nicht nur als köstlichen Speise-, sondern auch als Heilpilz: Alle lebenswichtigen Aminosäuren sind im Pompon blanc enthalten und besonders hervorstechend sind seine hohen Kaliumwerte. Die Polysaccharide sorgen dafür, dass sich die Anzahl der Helferzellen und der Fresszellen im Blut erhöht, was eine Stärkung des Immunsystems bedeutet. Insbesondere bei Magen-Darm-Beschwerden und zur Stärkung des Nervensystems wird er eingesetzt. Forscher an der Technischen Universität München konnten sogar nachweisen, dass der Pilz ein Enzym im Körper hemmt, das für Krebsgeschwüre mitverantwortlich ist. Gesund und im Geschmack delikat. Zwei gute Gründe, die für den Igelstachelbart sprechen. Wenn Sie Ihre Liebsten an einem Festtag mal mit etwas Exotischem und trotzdem Heimischem überraschen möchten, liegen Sie mit dem Pompon blanc auf jeden Fall richtig. Denn wie sagte schon Johann Wolfgang von Goethe: »Mich deucht, das Größt' bei einem Fest ist, wenn man sich's wohl schmecken läßt.«

Gegrillter Pompon blanc

Zutaten
400 g Pompon blanc
½ Biozitrone
4 Knoblauchzehen
½ Bund Petersilie
ein kleines Stück rote Chilischote
6 EL Olivenöl
Salz, Pfeffer

Zubereitung
Die Pilze in Scheiben schneiden.

Zitronenhälfte heiß abwaschen und die Schale fein abreiben. Den Knoblauch pellen und in feine Scheiben schneiden. Die Petersilie waschen und trocken schütteln, Blättchen fein hacken. Das Chilistück waschen und ebenfalls fein hacken.

Zitronenschale, Knoblauch, Petersilie, Chili und Olivenöl verrühren und über die Pilze verteilen. Für eine Stunde ziehen lassen.

Backofen oder Holzkohlegrill anheizen. Marinade von den Pilzen streifen. Pilze salzen, pfeffern und über der Glut oder unter dem Backofengrill 3 Minuten grillen, mit der Marinade bestreichen, wenden und weitere 3 Minuten grillen.

Tipp
Als Beilagen harmonieren besonders Kalb- oder Lammkoteletts und ein knackiges Weißbrot.

Shiitake *Shiitake*

Große Köstlichkeit

»Erfahrungen sammelt man wie Pilze, einzeln und mit dem Gefühl, dass die Sache nicht ganz geheuer ist«, meinte der amerikanische Schriftsteller Erskine Caldwel (1903 – 1987). Die kulinarische Erfahrung mit dem Shiitake sollte man sich auf jeden Fall nicht entgehen lassen. Beim Blick in die Pilztheke fallen seit einiger Zeit die kleinen Lebenskünstler aus der Familie der Schwindlingsartigen (Marasmiaceae) auf, die normalerweise an Bäumen wachsen und nicht nur gut schmecken, sondern auch über ganz erstaunliche Fähigkeiten verfügen. Der ansehnliche Pilz mit den kleinen braunen Hütchen und dem weißen oder gräulichen Fruchtfleisch, der auch unter dem Namen Chinesischer Champignon angeboten wird, wird seit Jahrtausenden in China und Japan gleichermaßen als Speisepilz und als Medizin geschätzt. So wird das edle Geschöpf in der Traditionellen Chinesischen Medizin als medizinische Speise (Yakuzen) bei Arteriosklerose, Leberleiden, Diabetes, Rheuma und sogar gegen Pilzvergiftungen eingesetzt. Das Polysaccharid Lentinan besitzt (soweit man es verträgt, da es allergische Reaktionen auslösen kann) tumorhemmende Eigenschaften. Neben den Vitaminen B1 und B2 enthält der Shiitake das besonders für Vegetarier so wichtige Vitamin D.

Der Shiitake, was übrigens »Pilz (take), der am Pasaniabaum (Shiia) wächst« bedeutet, wird seit einigen Jahren auch in Deutschland kultiviert und braucht, wie jede gute Erfahrung, viel Zeit und Zuwendung, bis er an den Ver-

braucher gebracht werden kann. Zunächst wird das Substrat (z. B. aus Buchenholz) mit Sporen geimpft, welches sie ein halbes Jahr durchwachsen, bis ein künstlicher Impuls den Pilz auf Herbst und damit Fortpflanzung einstimmt. Dies geschieht, wie im asiatischen Regenwald, bei Temperaturen von 17 bis18 Grad und einer Luftfeuchte von 95 Prozent – dann kann innerhalb von sieben Tagen geerntet werden. In den Wäldern Chinas und Japans kommt der Pilz zwar noch wild wachsend vor, doch auf dem Markt erhältlich sind sie dort meist ebenfalls nur aus Zuchtbetrieben. Der Geschmack erinnert ein wenig an Knoblauch, und er besitzt

die Qualität »umami«. Das Wort aus dem Japanischen bedeutet „größte Köstlichkeit" und beschreibt eine besondere Geschmacksqualität: »fleischig, herzhaft, wohlschmeckend«.

Die Pilze können gekocht, gebraten oder in Alufolie gedünstet werden. Bei der Zubereitung sollten die harten unteren Stielenden entfernt werden. Ein Tipp für ungetrübten Genuss: Da der Shiitake das Wasser aufsaugt und Geschmack verliert, sollte man ihn nicht waschen, sondern nur mit Küchenkrepp abtupfen. Der Shiitake lässt sich auch in Öl einlegen und trocknen. So entfaltet er ein noch intensiveres Aroma und veredelt viele Speisen.

Asia-Rind mit Shiitake

Zutaten
300 g Shiitake
600 g Rinderfilet
2 Stangen Zitronengras
3 Knoblauchzehen
1 Chilischote
Öl
200 ml Asia-Fond aus dem Glas
(ersatzweise Gemüsebrühe)
2 EL Sojasoße
1 EL Limettensaft
Salz

Zubereitung
Pilze putzen und mit dem Fleisch in dünne Streifen schneiden. Zitronengras waschen, flach klopfen (erhöht das Aroma) und in 2 Zentimeter lange Stücke schneiden. Knoblauch

pellen und in Scheiben schneiden. Chili waschen, putzen und in Ringe schneiden.

Fleisch in Öl 2 Minuten braten, herausnehmen. Pilze, Zitronengras, Knoblauch und Chilis 2 Minuten braten. Fleisch wieder untermischen.

Mit dem Fond ablöschen, mit Sojasoße, Limettensaft und Salz abschmecken und mit Reis servieren.

Tipp
Shiitake kann man auch gut in Öl einlegen: Putzen und in einem Mix aus ½ Liter Weißweinessig und ¼ LiterWeißwein (bei 1 Kilo Pilzen) mit Salz 10 Minuten kochen. Pilze rausnehmen und gut abtrocknen. Mit Zitronenschale, Lorbeer, Rosmarin in Gläser füllen und mit Olivenöl bedecken. Vor dem Öffnen sollten sie 1 Woche ziehen. Die eingelegten Pilze halten sich circa 3 Monate.

Steinpilz *Steinpilz*

König des Waldes

Nach dem Bericht von Plinius dem Älteren wurde der römische Kaiser Claudius von seiner Gattin Agrippina, der berüchtigten Mutter des Kaisers Nero, im Jahr 54 n. Chr. durch ein Pilzgericht vergiftet, um ihren Sohn auf den Thron zu bringen. Über Jahrhunderte mit großem Argwohn betrachtet, werden die kleinen Waldbewohner noch im 19. Jahrhundert im Appetitlexikon als »rätselhafte, auffällige Sonderlinge« dargestellt. Wie dem auch sei: Der Boletus edulis ist eindeutig der aromatischste Pilz, für dessen Genuss Feinschmecker ihre Geldbörse weit öffnen. Im Spätsommer, wenn sich die Natur langsam wieder auf den Herbst einstellt (bei noch leichter Wärme und viel Feuchtigkeit), beginnt es im Wald wieder herrlich zu duften. Besonders unter Fichten, Kiefern und Eichen findet der kundige Sammler den Steinpilz, den König unter den Pilzen. Dies liegt daran, dass der Großpilz mit den Wurzeln dieser Bäume eine innige Lebensgemeinschaft eingeht: Das Pilzmyzel umspinnt die feinen Enden der Wurzeln mit seinen Fäden und versorgt sich so mit Kohlenhydraten – im Austausch sichert sich der Baum die Wasser- und Mineralstoffversorgung über den Pilz. Der Steinpilz aus der Gattung der Dickröhrlinge ist ein typischer Hutpilz (Durchmesser bis 25 Zentimeter), das heißt, er bildet seine Sporen

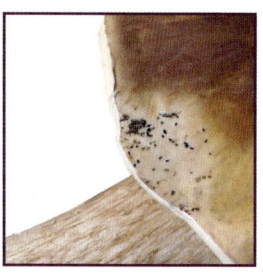

an der Unterseite des weiß bis kastanienbraunen Käppchens. In manchen Gegenden heißt er übrigens auch Herrenpilz, denn in feudalistischen Zeiten hatte das »gemeine Volk« die Finger von dieser Köstlichkeit zu lassen. Das spiegelt sich auch heute noch im hohen Preis wider. Echte »Schwammerlliebhaber« wissen, dass es vom Steinpilz mehrere Arten gibt: einen Eichen-, einen Kiefern- und sogar einen wärmeliebenden Schwarzhütigen Steinpilz. Allen gemeinsam ist: Sie schmecken köstlich! Aber es gibt bestimmte Regeln zu beachten. Erstens: Sie müssen selbstverständlich frisch sein. Zweitens: Sie brauchen feuchte Böden, um das richtige Aroma zu entwickeln (deshalb schmecken aus südlichen Ländern exportierte meist nicht so aromatisch). Und drittens: Bitte keine wilden Experimente in der Küche! Beim Steinpilz gilt die Regel: Weniger ist mehr. Also am besten nur mit ein paar Schalotten, etwas Butter und Zitrone kurz sautieren – c'est ça! Die aromatischen Waldfrüchte schmecken nicht nur delikat, sie sind auch noch gesund. Da sie zu fast 90 Prozent aus Wasser bestehen, sind sie kalorienarm, die B-Vitamine sind wichtig für die Nerven und das Vitamin D wertvoll für die Knochenbildung. Wertvolle Ballaststoffe (Chitin) machen lange satt und halten den Darm auf Trab. Wer auf einem ausgedehnten Spaziergang selbst Steinpilze sammeln möchte, sollte sich jedoch auskennen. Verwechslungsgefahr besteht mit seinem ungenießbaren Doppelgänger, dem Gallenröhrling. Schwangere und kleinere Kinder sollten wegen der möglicherweise enthaltenen Schwermetalle lieber ganz auf Wildpilze verzichten und auf Zuchtpilze zurückgreifen. Leider sind beim

Steinpilz bisher alle Zuchtversuche gescheitert. Auch daher ist er kostbar und einmalig. Eben ein König.

Steinpilzpfanne

Zutaten
600 g Steinpilze
2 Schalotten
Olivenöl
Butter
Saft ½ Zitrone
200 ml Sahne oder Crème fraîche
1 Bund glatte Petersilie
Salz, Pfeffer

Zubereitung
Steinpilze putzen, Stielenden abschneiden und in mundgerechte Stücke schneiden. Schalotten pellen und klein schneiden.

Schalotten und Pilze in einer Pfanne mit Olivenöl und Butter kurz anbraten und auf mittlerer Hitze noch 3 Minuten köcheln lassen. Mit Zitronensaft ablöschen, salzen, pfeffern, Sahne zugeben und weitere 3 bis 4 Minuten einkochen lassen. Kurz vor Schluss die gehackte Petersilie zugeben.

Tipp
Der Steinpilz schmeckt auch roh als Carpaccio. Getrocknete Steinpilze schmecken und duften noch intensiver als frische. In einem Risotto verarbeitet – ein großes Geschmackserlebnis!

Anhang

Nützliche Adressen und Einkaufstipps

Bezugsquellen für alte Sorten, Pflanzen, Samen

Verein zur Erhaltung und Rekultivierung
von Nutzpflanzen in Brandenburg e.V.
Burgstraße 20
16278 Greiffenberg / Uckermark
Tel. 033334 - 702 32
www.genres.de
www.vern.de

Essbare Landschaften
Gutshaus Boltenhagen
18516 Süderholz
Tel. 03826 - 53 57 80
www.essbarelandschaften.de

Wilde Kost
Imberg 3
23813 Blunk
Tel. 04557 - 98 17 18
www.wilde-kost.de

Deutsche Spargelzucht
Kampweg 4a
23881 Alt-Mölln
Tel. 04542 - 83 75 85
www.spargelzucht.de

LandPilz GbR
Schlossallee 1
24256 Salzau/Holstein
Tel. 04303 - 92 83 89
www.landpilze.de

Rühlemanns Kräuter & Duftpflanzen
Auf dem Berg 2
27367 Horstedt
Tel. 04288 - 92 85 58
www.ruehlemanns.de

herb's Bioland Gärtnerei
Stedinger Weg 16
27801 Dötlingen OT Nuttel
Tel. 04432 - 940 03
www.herb-s.de

Bioland Hof Jeebel
Biogartenversand OHG
Jeebel 17
29410 Salzwedel OT Jeebel
Tel. 039037 - 781
www.biogartenversand.de

Ellenberg's Kartoffelvielfalt GbR
Ebstorfer Straße 1
29576 Barum
Tel. 05806 - 304
www.kartoffelvielfalt.de

Bio Saatgut Gaby Krautkrämer
Eulengasse 2
55288 Armsheim
Tel. 06734 - 91 55 80
www.bio-saatgut.de

Berglandkräuter Hessen
Am Molkernborn 14
36179 Bebra
Tel. 06622-91 98 46
www.berglandkraeuter.de

Dreschflegel
In der Aue 31
37213 Witzenhausen
Tel. 05542-50 27 44
www.dreschflegel-saatgut.de

Verein zur Erhaltung der Nutzpflanzenvielfalt
e.V.
Uhlandstraße 57
45468 Mülheim an der Ruhr
Tel. 0208-74 04 99 25
www.nutzpflanzenvielfalt.de

Samen Schröder
Alt Vorst 16a
41564 Kaarst
Tel. 02131-66 68 27
www.samen-schroeder.de

Flora Frey GmbH
Neuer Weg 21
06484 Quedlinburg
Tel. 01805-25 70 50
www.florafrey.de

Bingenheim Saatgut AG
Kronstraße 24–26
61209 Echzell-Bingenheim
Tel. 06035-189 90
www.oekoseeds.de

Kultursaat e.V.
Auguste-Viktoria-Straße 4
61231 Bad Nauheim
Tel. 06032-91 86 17
www.kultursaat.org

Blauetikett-Bornträger GmbH
Heil- und Gewürzpflanzen
Wormser Straße 1
67591 Offstein
Tel. 06243-90 53 26
www.blauetikett.de

Tartuffli Naturwaren e. K.
Ammerseestraße 1a
86940 Schwifting
Tel. 08191-985 42 26
www.erlesene-kartoffeln.de

Staudengärtnerei Gaissmayer
Jungviehweide 3
89257 Illertissen
Tel. 07303-72 58
www.gaissmayer.de

Bioland KräuterGut
Moosfeldweg 8
90427 Nürnberg
Tel. 0911-9364/761
www.topfkraeuter.de

Grüner Tiger
Versandhandel
Fallerstr. 18
82433 Bad Kohlgrub
Tel. 08845-757 99 88
www.gruenertiger.de

Arche Noah
Obere Straße 40
A-3553 Schiltern
Tel. +43 (0)2734-86 26
www.arche-noah.at

Gärtnerei Bach
Contiweg 165
A-1220 Wien
Tel. +43 (0)1 280 95 34
www.gaertnerei-bach.at

ProSpecieRara Deutsche Schweiz
Hauptsitz
Pfrundweg 14
CH-5000 Aarau
Tel. +41 (0)62-8320820
www.prospecierara.ch

Allgemeine Informationen

www.aum-vogt.de
www.calendula-kraeutergarten.de
www.essbare-wildpflanzen.de
www.gemuesekiste.de
www.genusstur.de
www.heilkraeuter.net
www.kraeuterpfad.de
www.nutzpflanzenvielfalt.de
www.oekokiste.de
www.slowfood.de
www.uni-graz.at
www.wildpflanzen.info

Der Autor

Jens Mecklenburg

lebt und arbeitet als freier Journalist und Buch-autor an der Kieler Förde und beschäftigt sich mit allen Themen rund ums Essen und Trinken. Die Förderung von nachhaltiger Genusskultur liegt dem Gastrokritiker besonders am Herzen. So wie er sich engagiert gegen die Fast-Food-Gesellschaft ausspricht, so vehement setzt er sich für die kulinarische Vielfalt auf unseren Tellern ein und engagiert sich für Sorten- und Artenvielfalt – dem Erhalt alter Kultursorten, Wildpflanzen und Nutztiere. Sein Motto lautet: Esst, was Ihr retten wollt!

Seine wöchentliche Kolumne »Raritäten mit Biss« über alte, in Vergessenheit geratene Ge-müsesorten, Salate und Wildkräuter erschien von 2006 bis 2009 in den Kieler Nachrichten und erfreute sich großer Beliebtheit. Für dieses Buch hat der Autor die interessantesten Kolumnen ausgewählt, überarbeitet und sie um jeweils ein persönliches Rezept erweitert.

Zuletzt erschienen vom Autor bei CADMOS der *Genuss- und Einkaufsführer Schleswig-Holstein*, der Restaurantführer Schleswig-Holstein und *Das andere Schweinebuch*.

Rezeptverzeichnis

Rezepte alphabetisch

Rezepte nach Gruppen

Vorspeisen & Snacks & Dips

Suppen & Eintöpfe

Salate

Hauptgerichte & Beilagen für Hauptgerichte

Nachspeisen

Anna K. Teggemann
Gemüse querbeet
144 Seiten, farbig, gebunden
ISBN 978-3-86127-880-1

Kohl-Rezepte
144 Seiten, farbig, gebunden
ISBN 978-3-8404-3502-7

Aufläufe und Gratins
144 Seiten, farbig, gebunden
ISBN 978-3-86127-884-9

Axel Gutjahr
Feldfrüchte
80 Seiten, farbig, broschiert
ISBN 978-3-86127-673-9

Axel Gutjahr
Ernten aus der Natur
80 Seiten, farbig, broschiert
ISBN 978-3-86127-670-8

Jens Mecklenburg
Genuss- und Einkaufsführer
128 Seiten, farbig, broschiert
ISBN 978-3-86127-897-9

Cadmos Verlag GmbH · Möllner Straße 47 · 21493 Schwarzenbek
Tel. 04151 87 90 70 · Fax 04151 87 90 7-12
Besuchen Sie uns im Internet: www.cadmos.de